Sammlung ratio

Heft 10

Lebens(t)raum Staat

Politisch denken lernen mit Cicero

bearbeitet von
Christian Zitzl

C.C. BUCHNERS VERLAG • BAMBERG

Sammlung ratio
Die Klassiker der lateinischen Schullektüre

Herausgegeben von Stefan Kipf und Michael Lobe

Heft 10: **Lebens(t)raum Staat**

wurde bearbeitet von Christian Zitzl

1. Auflage 1 [4 3 2] 2013 12 11
Die letzte Zahl bedeutet das Jahr dieses Druckes.
Alle Drucke dieser Auflage sind, weil untereinander unverändert, nebeneinander benutzbar.

Dieses Werk folgt der reformierten Rechtschreibung und Zeichensetzung. Ausnahmen bilden Texte, bei denen künstlerische, philologische oder lizenzrechtliche Gründe einer Änderung entgegenstehen.

www.ccbuchner.de

Gestaltung: ideen.manufaktur | dortmund
Druck und Bindung: creo Druck & Medienservice GmbH, Bamberg

ISBN 978-3-7661-**7710**-0

Inhaltsverzeichnis

Vorwort

„Man muss dem Volk aufs Maul schauen, aber ihm nicht nach dem Mund reden." Denn: „*Vox populi, vox* Rindvieh." Was der bayerische Politiker Franz Josef Strauß über die Bedeutung der Volksmeinung für politisches Handeln sagte, dürfte nicht weit von dem entfernt sein, was ungefähr 2000 Jahre früher der römische Redner und Politiker Marcus Tullius Cicero dachte. Denn anders als Cäsar, der keine Bedenken hatte, dem Volk nicht nur aufs Maul zu schauen, sondern ihm auch nach dem Mund zu reden, hatte Cicero zeitlebens Vorbehalte gegen die Meinung der Masse. Denn wenn sie als Träger des Staates diesen auch letztlich begründe, so sei es doch nicht immer zum Besten des Staates, wenn die Mehrheit bestimme, wo es lang gehe. Der ideale Staat funktioniere nämlich anders. Wie, das soll Ihnen dieses Heft aufzeigen, dessen Gegenstand der römische Staat ist, der für Cicero Lebens(t)raum und Lebenstrauma zugleich war.

Beim Gebrauch dieses Hefts sollten Sie auf Folgendes achten: Um Ihnen einen raschen Zugang zum Inhalt der Texte zu ermöglichen, werden die lateinischen Texte durch grundlegende Sachinformationen, die auch der Abiturvorbereitung dienen können, eingeleitet bzw. verbunden. Diese sollen ebenso wie die deutschen Hinführungen, vertiefenden Sachinformationen (i) und Aufgaben die Arbeit an den lateinischen Texten, die in überschaubaren Einheiten (meist Doppelseiten) gegliedert sind, erleichtern.

Lateinische oder deutsche Texte, die der Vertiefung dienen und über die geforderten Lehrplaninhalte* hinausgehen, sind mit + gekennzeichnet.

Die Kenntnis der lateinischen Grammatik wird in ihren Grundzügen vorausgesetzt; vor jedem Textabschnitt wird aber mit Hilfe der Grammatikwiederholung (G) auf zwei grammatische Stoffe verwiesen, deren Wiederholung für die Übersetzung des jeweiligen Textes sinnvoll erscheint. Dasselbe gilt für die Wiederholungswörter (W), die vor jedem Text abgedruckt sind. Diese entstammen dem in den statistischen Untersuchungen zum „Bamberger Wortschatz" ermittelten Basisvokabular von ca. 1250 Wörtern, das die Wortkunde „adeo-NORM" enthält. Wörter, die darin nicht enthalten sind, aber für die Lektüre nicht nur des jeweiligen Textes wichtig sind, sind im Anhang in einem Lernwortschatz zu jedem Text (S. 46–49) angegeben. Auf bereits zuvor gelernte Wörter wird neben dem Text verwiesen (z.B. → W5). Alle anderen Wörter und Wendungen sind neben dem lateinischen Text mit ihren grammatischen Eigenschaften und den deutschen Bedeutungen angeführt. Bei Eigennamen wird auf das Eigennamenverzeichnis (→EV), bei Sacherklärungen auf das Sachregister (→ SR) im Anhang verwiesen.

Der Anhang der Ausgabe soll Ihnen nicht nur zur Arbeit mit den Texten, sondern auch zur Prüfungs- und Abiturvorbereitung nützliche Dienste erweisen. Neben dem Lernwortschatz finden Sie dort: Hinweise zu Sprache und Stil Ciceros, Hilfen zur Interpretation von Texten, eine Zusammenfassung wesentlichen Wissens zu Ciceros *De re publica* und weitere Texte, die auf die einzelnen Kapitel der Ausgabe abgestimmt sind, aber zu Übungszwecken unkommentiert bleiben.

Autor und Herausgeber

* Gemeint ist hier der aktuelle bayerische Lehrplan.

Die Verfassung der römischen Republik

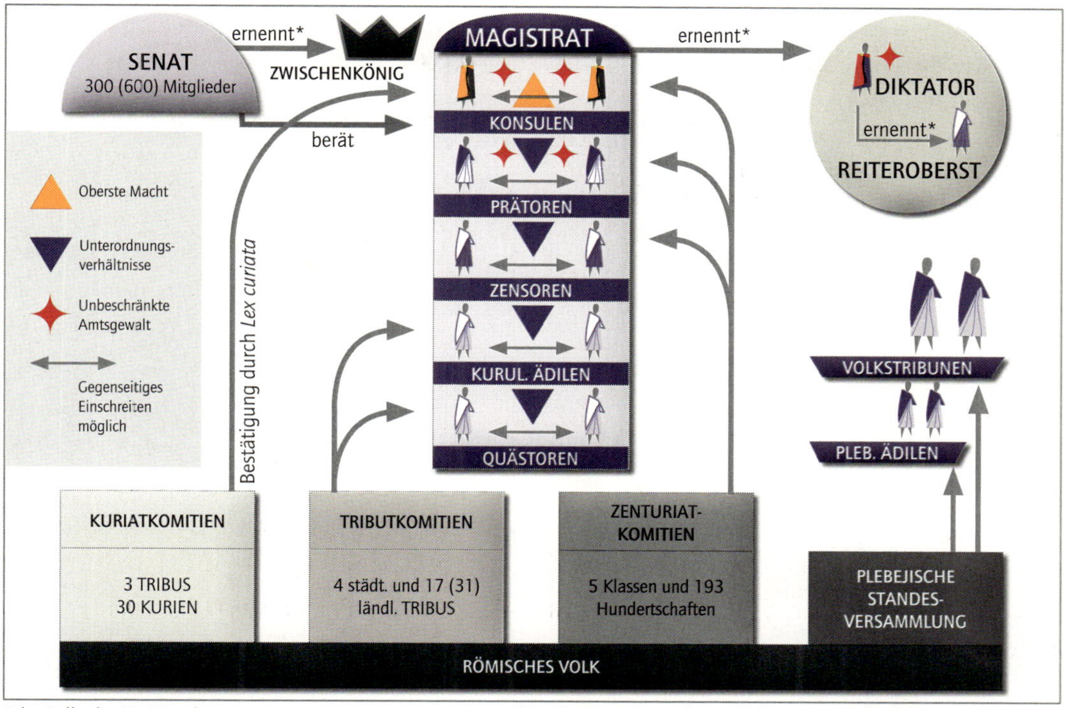

* im Falle des Notstandes

(Quelle: dtv-Atlas Weltgeschichte, Band 1. [34]München 1998, S. 74)

Ämterlaufbahn (*cursus honorum*)

Quästor: Steuern und Finanzen

Ädil: „Brot" und Spiele, Tempel und Polizeiaufgaben

Prätor: Rechtsprechung

Konsul: Leitung der Staatsgeschäfte; im Krieg Oberbefehl über das Heer

Zensor: vornehmstes, fast nur ehemaligen Konsuln vorbehaltenes Amt; Vermögenseinschätzung der röm. Bürger, Sittenkontrolle und evtl. Ausstoßung aus dem Senat, Vergabe öffentlicher Bauaufträge

Diktator: Amt mit uneingeschränkter Amtsgewalt; nur im Notzeiten und zeitlich begrenzt (sechs Monate)

i Grundprinzipien der römischen Verfassung

Annuität: Beschränkung der Amtszeit auf ein Jahr

Iterationsverbot: Verbot, dasselbe Amt zwei- oder mehrere Male zu bekleiden; zur Zeit Ciceros oft gebrochen

Kollegialität: Teilung der Amtsgewalt mit mindestens einem Amtskollegen

Kontinuationsverbot: Verbot, an ein Amt im darauffolgenden Jahr ein anderes Amt anzufügen

Kumulationsverbot: Verbot der gleichzeitigen Bekleidung mehrerer Ämter

1 Die Scipionen – eine staatstragende Familie in der römischen Republik

Wer heute das antike Rom besichtigt, unternimmt – soweit es die Zeit zulässt – auch einen Abstecher zur *Via Appia*. Diese war schon in der römischen Republik von zum Teil gewaltigen Grabanlagen gesäumt, da man aus hygienischen Gründen innerhalb der Stadt keine Begräbnisstätten errichten durfte. Deshalb waren die Ränder der großen Ein- bzw. Ausfallstraßen Roms der optimale Platz, seine eigenen und die Leistungen seiner *gens* bei den Römern nachhaltig in Erinnerung zu halten. Diese Werbung in eigener Sache war wohl gerade auch zu Wahlzeiten – und in Rom wählte man jedes Jahr – sehr effizient, da jeder, der die Stadt verließ oder betrat, diese Denkmäler sah.

Eine heute im Straßengewirr der Weltstadt Rom eher ins Abseits der öffentlichen Aufmerksamkeit geratene Grabanlage dürfte in der römischen Republik eine der prominentesten Gedenkstätten schlechthin gewesen sein – das Scipionengrab, unweit der heutigen Porta San Sebastiano. Dieses ließ ungefähr 280 v. Chr. Scipio Barbatus als unterirdisches Kammergrab für die Familie der Scipionen, eines patrizischen Zweigs der *gens Cornelia*, anlegen. Scipio Africanus, der Sieger über Hannibal, fand darin freilich nicht seine letzte Ruhestätte. Denn dieser sah sich zusammen mit seinem Bruder Scipio Asiaticus nach ihrem gemeinsamen Erfolg über den Seleukidenkönig Antiochus III. (188 v. Chr.) heftigen Neidattacken seiner Gegner im Senat ausgesetzt und ging ins freiwillige Exil nach Kampanien, wo er 183 v. Chr. auch begraben wurde. Als ca. 40 Jahre danach kein Platz mehr in der Grabkammer war, veranlasste wohl Scipio Aemilianus den Anbau einer zweiten Grabkammer. Darüber hinaus ließ er wohl auch das Grab mit einem oberirdischen Aufbau versehen, gleichsam als „Hall of fame" der Familie. Vor der bunt bemalten Fassade ließ er vielleicht sogar bewusst die Statuen des Scipio Africanus und dessen Bruders Scipio Asiaticus zusammen mit einer Statue des gefeierten Nationaldichters Ennius aufstellen und so gewissermaßen nach Rom heimholen, so dass man in diesem Statuenschmuck durchaus eine Reaktion auf die sich verstärkende Rivalität zwischen den aristokratischen Familien Roms sehen kann. Jedem Römer sollte nämlich beim Anblick des Grabmonuments klar werden, dass Rom seine Größe den Scipionen, nicht deren Neidern, verdankte.

Die Erfolgsgeschichte der Scipionen hatte freilich auch Scipio Aemilianus selbst fortgeschrieben. Denn nachdem der leibliche Sohn des Lucius Aemilius Paulus, des Siegers über König Perseus von Makedonien (168 v. Chr.), in die Familie des Publius Cornelius Scipio, des Sohnes von Scipio Africanus, adoptiert worden war, zerstörte er zunächst im Jahr 146 v. Chr. Karthago und Korinth und zementierte so die Herrschaft Roms über Nordafrika und Griechenland. 13 Jahre später eroberte er dann die

Das Grabmal der Scipionen heute

spanische Stadt Numantia und besiegelte so endgültig die Herrschaft Roms über die silberreiche iberische Halbinsel.

Die gewaltigen Erfolge der letzten 80 Jahre hatten den aristokratischen Eliten Roms zwar viel Geld und Prestige gebracht, führten aber auch zu einer Verarmung eines Großteils der römischen Soldaten, die aufgrund der dauernden Kriegsdienste ihre Äcker nicht mehr bestellen konnten. Als deshalb Tiberius Sempronius Gracchus, ein Schwager des Scipio Aemilianus, eine Agrarreform anstrebte, unterstützte Scipio Aemilianus zwar dessen Pläne, nicht aber deren radikale Umsetzung, die Tiberius Gracchus 131 v. Chr. das Leben kostete. Als Scipio Aemilianus zwei Jahre danach eine Rede zu den Agrargesetzen des Gracchus halten wollte, wurde er unter ungeklärten Umständen am Morgen tot im Bett aufgefunden und wenig später als Erster in der neuen Kammer des Scipionengrabes bestattet.

Rekonstruktion des Scipionengrabes

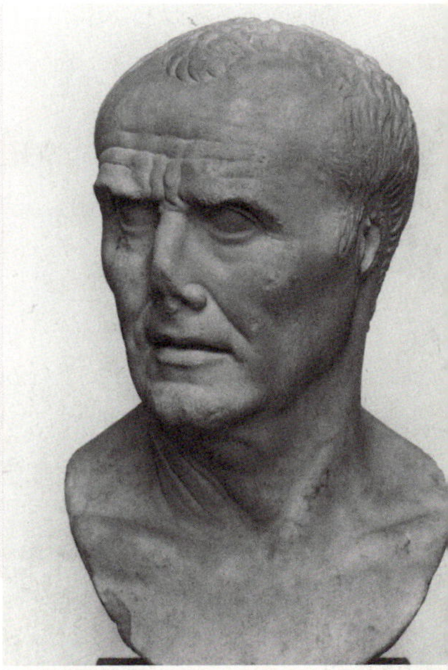

1. Finden Sie andere europäische oder amerikanische Familiendynastien, deren politische Bedeutung derjenigen der Scipionen in Rom vergleichbar ist, und erklären Sie, warum diese Familien den Neid der politischen Konkurrenten hervorrufen.
2. Erklären Sie, warum die oberirdische Erweiterung des Scipionengrabes eine politische Handlung darstellt.

Zwei röm. Porträtbüsten:
oben: vermutl. L. Cornelius Scipio Asiaticus
unten: vermutl. P. Cornelius Scipio Africanus maior

2 Marcus Tullius Cicero – ein Leben für die römische Republik

Marcus Tullius Cicero, der Konsul des Jahres 63 v. Chr., kannte Scipio Aemilianus nur aus Erzählungen. Was er aber von ihm hörte - Offenheit für griechisches Gedankengut gepaart mit politischem Engagement -, scheint er sich zum Vorbild genommen zu haben. Denn Cicero hatte einen Traum: Den Traum, dass er die römische Republik mit Hilfe von griechischer Bildung zur alten Stabilität in der Zeit vor Tiberius Gracchus (→ EV) zurückführen könne. Derselbe Marcus Tullius Cicero hatte aber auch ein Trauma: Das Trauma, dass sich das Gesicht der *res publica* trotz seines erfolgreichen Konsulats dauerhaft verändert haben könnte. Grund dafür war der offensichtlich auch durch sein Konsulat nicht zu stoppende Verfall des Staats. Seine Gedanken über den Staat brachte er in seinen Briefen zum Ausdruck. In einem Brief an Atticus (4,18) schreibt er 54 v. Chr. Folgendes:

Röm. Porträtbüste: vermutlich M. Tullius Cicero

Amisimus, mi Pomponi, omnem non modo sucum ac sanguinem, sed etiam colorem et speciem pristinam civitatis. Nulla est res publica, quae delectet, in qua acquiescam. „Idne igitur“, inquies, „facile fers?“ Id ipsum. Recordor enim, quam bella paulisper nobis gubernantibus civitas fuerit, quae mihi gratia relata sit. Nullus dolor me angit unum omnia posse. Dirumpuntur ii, qui me aliquid posse doluerunt. Multa mihi dant solacia, nec tamen ego de meo statu demigro, quaeque vita maxime est ad naturam, ad eam me refero, ad litteras et studia nostra. Dicendi laborem delectatione oratoria consolor. Domus me et rura nostra delectant. Non recordor, unde ceciderim, sed unde surrexerim.

Ach, mein lieber Pomponius, nicht nur allen Saft und alle Kraft haben wir verloren, selbst die Farbe und das frühere Gesicht des Staates ist dahin! Es gibt kein Gemeinwesen mehr, an dem ich mich freuen, mit dem ich mich trösten könnte. „Und das nimmst Du so gelassen hin?" Jawohl, denn ich denke daran, wie gut es eine Weile um unser Staatswesen stand, als ich das Ruder führte, und wie man es mir gedankt hat. Dass alle Macht in der Hand eines Einzelnen liegt, macht mir keinen Kummer; die, denen mein Einfluss ein Dorn im Auge war, bersten vor Ärger. In vielem finde ich Trost, doch gehe ich von meiner politischen Einstellung nicht ab und ziehe mich in eine Lebensweise zurück, die meinem Naturell am meisten entspricht, zu meinen Büchern, meinen wissenschaftlichen Studien. Über die Beschwerden des Redenmüssens tröstet mich das Vergnügen hinweg, das mir die Redekunst an sich bereitet. Haus und Hof machen mir Freude. Nicht die Höhe, aus der ich heruntergestürzt bin, steht mir vor Augen, sondern die Tiefe, aus der ich mich wieder erhoben habe. (Übersetzung: H. Kasten)

Darüber hinaus legte Cicero seine Gedanken zum Staat, als ihm 56 v. Chr. die Erneuerung des Triumvirats durch Cäsar, Pompejus und Crassus keine andere Möglichkeit mehr ließ, auch dem Scipio Aemilianus und dessen Freunden in den Mund. Indem er aber deren von Platons *Politeia* (Staat) inspirierte Gespräche in das Jahr 129 v. Chr., kurz vor den Tod Scipios datierte, machte er es in Anlehnung an Platons *Phaidon* (dieser Dialog spielt kurz vor dem Tod des Sokrates) gleichsam zu seinem geistigen Testament für die Römer.

Im Vorwort, das er den Gesprächen voraus schickt, geht er freilich zunächst auf die Begriffe der *virtus* und *patria* ein (*De rep.* 1,1-2; 8):

Omitto innumerabiles viros, quorum singuli saluti huic civitati fuerunt, et qui sunt <haut> procul ab aetatis huius memoria. Commemorare eos desino, ne quis se aut suorum aliquem praetermissum queratur. Unum hoc definio, tantam esse necessitatem virtutis generi hominum a natura tantumque amorem ad communem salutem defendendam datum, ut ea vis omnia blandimenta voluptatis otiique vicerit. Nec vero habere virtutem satis est quasi artem aliquam nisi utare. Etsi ars quidem, cum ea non utare, scientia tamen ipsa teneri potest, virtus in usu sui tota posita est. Usus autem eius est maximus civitatis gubernatio et earum ipsarum rerum, quas isti in angulis personant, reapse, non oratione perfectio. [...] Neque enim hac nos patria lege genuit aut educavit, ut nulla quasi alimenta exspectaret a nobis, ac tantummodo nostris ipsa commodis serviens tutum perfugium otio nostro suppeditaret et tranquillum ad quietem locum, sed, ut plurimas et maximas nostri animi ingenii consilii partes ipsa sibi ad utilitatem suam pigneraretur tantumque nobis in nostrum privatum usum, quantum ipsi superesse posset, remitteret.

Ich übergehe ungezählte Männer, die jeder einzelne diesem Staate zum Heile waren, und die nicht weit vom Gedächtnis dieser Zeit sind, höre ich auf zu erwähnen, dass keiner sich oder einen der Seinen vermisse und sich beschwere. Dies eine nur gewinne ich daraus als Markstein, dass eine so große Notwendigkeit zu männlicher Bewährung dem Geschlecht der Menschen und eine so große Liebe, das allgemeine Wohl zu schützen, von Natur verliehen ist, dass die Kraft alle Verlockungen der Lust und der Muße besiegt hat.

Nicht genug aber ist´s, diese männliche Vollkommenheit zu besitzen wie eine Kunst, wenn du sie nicht betätigst. Während eine Kunst, magst du sie nicht betätigen, sich doch eben im Sichverstehen auf sie selbst festhalten lässt, ruht die männliche Vollkommenheit ganz in der Betätigung ihrer selbst; ihre größte Betätigung aber ist die Lenkung des Staates und eben dieser Dinge, die diese Leute in ihren Winkeln deklamieren, Verwirklichung durch die Tat, nicht durch die Rede. (...)

Aber nicht nach dem Gesetz hat uns die Heimat gezeugt oder aufgezogen, dass sie kein Ziehgeld gleichsam von uns erwartete und nur selber unserem Vorteil dienend eine sichere Zuflucht für unsere Ruhe zur Verfügung stellte und einen ungestörten Platz zum Ausruhen, sondern dass sie die meisten und größten Teile unseres Geistes, unserer Anlage, unserer Einsicht selbst sich zu ihrem Nutzen ausbedang und uns nur soviel zu unserem eigenen Gebrauch überließ, wie ihr selber entbehrlich sein könnte.

(Übersetzung: K. Büchner)

1. Recherchieren Sie, was Cicero zu der düsteren Einschätzung der Lage des Staates in seinem Brief veranlasst haben könnte. Interpretieren Sie dann den Text nach formalen und inhaltlichen Kriterien (→ S. 53).
2. a) Beschreiben Sie in eigenen Worten, was für Cicero *virtus* bedeutet.
   b) Begründen Sie, warum die Ausführungen Ciceros zur *patria* auch heute nicht überholt sind.
3. Erklären Sie (auch unter Einbezug von S. 6-7), warum Cicero Scipio Aemilianus zum Hauptredner von *De re publica* machte.

3 Buch I: Laelius' Wunsch

Kurz vor dem Tod des Scipio Aemilianus besuchen ihn während des Latinerfestes (*feriae Latinae* → SR) seine Freunde (→ i) auf seinem Landgut. Unter ihnen befindet sich natürlich auch Laelius, der beste Freund Scipios. Nachdem man sich zunächst über eine jüngst stattgefundene Sonnenfinsternis unterhalten hat, lässt Cicero Laelius diese zum Anlass nehmen, um das Gespräch auf das eigentliche Thema *De re publica* zu lenken.

W		G
metuere fierī efficere	cēnsēre ūsuī esse (+ Dat.) exīstimāre	AcI Komparativ und Superlativ

„Quam ob rem si me audietis, adulescentes, solem alterum ne metueritis! Aut enim nullus esse potest aut sit sane, ut visus est, modo ne sit molestus, aut scire istarum rerum nihil aut, etiamsi maxime sciemus, nec meliores ob eam scientiam nec beatiores esse possumus. Senatum vero et populum ut unum habeamus, et fieri potest et permolestum est, nisi fit, et secus esse scimus et videmus, si id effectum sit, et melius nos esse victuros et beatius."

Tum Mucius: „Quid esse igitur censes, Laeli, discendum nobis, ut istud efficere possimus ipsum, quod postulas?"

Laelius: „Eas artes, quae efficiant, ut usui civitati simus. Id enim esse praeclarissimum sapientiae munus maximumque virtutis vel documentum vel officium puto. Quam ob rem, ut hae feriae nobis ad utilissimos rei publicae sermones potissimum conferantur, Scipionem rogemus, ut explicet, quem existimet esse optimum statum civitatis! Deinde alia quaeremus. Quibus cognitis spero nos ad haec ipsa via perventuros earumque rerum rationem, quae nunc instant, explicaturos."

Cum id et Philus et Manilius et Mummius admodum adproba<vissent> (Lücke im Text)

Laelius: „Non solum ob eam causam fieri volui, quod erat aequum de re publica potissimum principem rei publicae dicere, sed etiam, quod memineram persaepe te cum Panaetio disserere solitum coram Polybio, duobus Graecis vel peritissimis rerum civilium, multaque colligere ac docere optimum longe statum civitatis esse eum, quem maiores nostri nobis reliquissent. Qua in disputatione quoniam tu paratior es, feceris – ut etiam pro his dicam – si, de re publica quid sentias, explicaris, nobis gratum omnibus."

sōl alter: Sonnenfinsternis (wörtl. zweite Sonne)

modo nē (Subj.): vorausgesetzt dass nicht – **etiamsī** ~ etsī

permolestum ~ molestissimum

secus est: das Gegenteil ist der Fall

Mūcius: EV - **Laelī:** Vok. zu Laelius

<cēnseō vōbīs> **eās artēs** <discendās esse>, **quae...**

documentum: Beweis

hae fēriae, ārum f Pl.: das Latinerfest <ā> **nōbīs ... cōnferantur** – **cōnferre** *hier:* verwenden

quaerere *hier:* untersuchen
viā (Adv.): methodisch

Philus; Mānīlius; Mummius: EV
admodum ~ omnīnō
adprobāvissent ~ probāvissent
fierī <, ut Scīpiō explicāret,> **voluī**

persaepe ~ saepissimē

Panaetius: EV – **solitum** <esse>
cōram (Präp. + Abl.): in Gegenwart von – **Polybius**: EV – **cīvīlis**, e ← cīvis
colligere <solitum esse> ac
disputātiō, ōnis f: Erörterung

parātus ← parāre – **fēceris** ~ faciēs
fēceris ... nōbīs grātum omnibus, sī grātum facere (+ Dat.): jdm. einen Gefallen tun – **explicā<ve>ris**

M Cicero, *De rep.* 1,18

Placitum est, ut in aprico maxime pratuli loco, quod erat hibernum tempus anni, considerent. Quod cum facere vellent, intervenit vir prudens omnibusque illis et iucundus et carus, M. Manilius, qui a Scipione ceterisque amicissime consalutatus adsedit proximus Laelio.

Man beschloss, sich auf einem besonders sonnigen Platz der kleinen Wiese niederzulassen, weil man sich im Winter befand. Als man dabei war, das zu tun, kam Manius Manilius (Konsul 149 v. Chr.; bedeutender Jurist) hinzu, ein kluger und ihnen allen lieber und teurer Mann. Er wurde von Scipio und den übrigen aufs freundlichste begrüßt und setzte sich neben Laelius. (Übersetzung: C. Zitzl)

Mosaik, Pompeji, 1. Jh. n. Chr.: Philosophen im Garten

1. Paraphrasieren Sie in eigenen Worten, wie Laelius das Gespräch auf den Staat lenkt und warum er Scipio für den geeignetsten Redner zu diesem Thema erachtet.
2. Lesen Sie nochmals S. 8-9 und **i**. Erklären Sie dann, welche politische Botschaft der erste Absatz zwischen den Zeilen transportiert und warum Cicero diese gerade dem Laelius in dem Mund legt.
3. Vergleichen Sie das Bild mit **M** und zeigen Sie den Unterschied zu der von Cicero beschriebenen Gesprächssituation auf. Begründen Sie dann, warum ein solches oder ähnliches Mosaik trotzdem als Vorbild für die von Cicero beschriebene Gesprächssituation angesehen werden könnte.

i Cicero und der Scipionenkreis

Der 106 v. Chr. geborene Cicero kannte Scipio Aemilianus und dessen Freunde - darunter die Konsuln C. Laelius und L. Furius Philus, der röm. Dichter C. Lucilius, der griechische Philosoph Panaitios und der griech. Historiker Polybius - nicht persönlich. Er war aber ein großer Verehrer Scipios, dessen im Scipionenkreis kultivierte Lebensart er aus Erzählungen kannte. Sie bestand in einer vernünftigen Mischung aus römischer Traditionsverbundenheit und Öffnung zur griechischen Philosophie, die er als vorbildlich für sein eigenes politisches Handeln ansah.

4 Buch I: Staatsdefinition

Scipio erfüllt natürlich den Wunsch seiner Freunde, über den Staat zu sprechen. Aber um Irrtümer auszuschließen, wird er seine Ausführungen nach der goldenen Regel für alle Erörterungen mit einer Definition des Gesprächsgegenstandes beginnen.

W causa
causā (nachgestellt) + Gen
īnstituere
cōnstituere
dēligere
suscipere

G Participium coniunctum
Prädikatives Gerundiv

2 „Est igitur“, inquit Africanus, „res publica res populi, populus autem non omnis hominum coetus quoquo modo congregatus, sed coetus multitudinis iuris consensu et utilitatis communione sociatus. Eius autem prima causa coeundi est non tam imbecillitas quam naturalis quaedam hominum quasi congregatio. Non est enim singulare nec solivagum genus hoc, sed ita generatum, ut ne in omnium quidem rerum affluen<tia>“ (Lücke im Text)

Scipio: „Hi coetus igitur hac, de qua exposui, causa instituti sedem primum certo loco domiciliorum causa constituerunt. Quam cum locis manuque saepsissent, eiusmodi coniunctionem tectorum oppidum vel urbem appellaverunt, delubris distinctam spatiisque communibus. Omnis ergo populus, qui est talis coetus multitudinis, qualem exposui, omnis civitas, quae est constitutio populi, omnis res publica, quae, ut dixi, populi res est, consilio quodam regenda est, ut diuturna sit. Id autem consilium primum semper ad eam causam referendum est, quae causa genuit civitatem.

Deinde aut uni tribuendum est aut delectis quibusdam aut suscipiendum est multitudini atque omnibus. Quare, cum penes unum est omnium summa rerum, regem illum unum vocamus et regnum eius rei publicae statum. Cum autem est penes delectos, tum illa civitas optimatium arbitrio regi dicitur. Illa autem est civitas popularis - sic enim appellant -, in qua in populo sunt omnia. Atque horum trium generum quodvis, si teneat illud vinculum, quod primum homines inter se rei publicae societate devinxit, non perfectum illud quidem neque mea sententia optimum, sed tolerabile tamen et aliud ut alio possit esse praestantius. Nam vel rex aequus ac sapiens vel delecti ac principes cives vel ipse populus, quamquam id est minime probandum, tamen nullis interiectis iniquitatibus aut cupiditatibus posse videtur aliquo esse non incerto statu.“

quōquō modō congregātus: irgendwie versammelt - **ūtilitās**, ātis f ← ūtilis, e - **commūniō**, ōnis f ← commūnis, e - **sociātus:** verbunden
eius <multitūdinis> **coeundī** - **coīre** ← coetus - **imbēcillitās**, ātis f: Schwäche - **nātūrālis**, e ← nātūra
congregātiō, ōnis f: Geselligkeit
sōlivagus, a, um: allein umherschweifend - **generātus:** geartet - **affluentia:** Überfluss
domicilium: Wohnung
locīs manūque saepīre: durch natürliche und künstliche Befestigungen schützen - **coniūnctiō**, ōnis f ← coniungere - **dēlūbrīs distīnctus:** durch Heiligtümer gegliedert
cōnstitūtiō, ōnis f: feste Ordnung
referre ad (+ Akk.): beziehen auf
<cōnsilium> **tribuendum est**
penes (Präp. + Akk.): im Besitz von
status: W1
arbitriō m. (+ Gen.): nach dem Willen von - **populāris**, e ← populus
hōrum ... quodvīs: jede von diesen
perfectus ← perficere
tamen <est> **et** <ita,> **aliud** <genus>
nūllīs interiectīs ... aut ... (Abl. abs.): wenn keine ... oder ... auftreten
inīquitās, ātis f ← inīquus

1. Vergleichen Sie die Staatsdefinition Ciceros mit modernen Staatsdefinitionen (→ **i**).
2. Lesen Sie zunächst **M** und betrachten Sie dann genau den Körper des Leviathan (s. Abb.). Erläutern Sie nun das Staatsverständnis von Thomas Hobbes und diskutieren Sie, ob Ihnen die Theorie von Hobbes oder Cicero wahrscheinlicher erscheint.
3. Recherchieren Sie zu dem in **M** genannten Jean-Jacques Rousseau und begründen Sie, warum seine Staatslehre in den Überzeugungen des Aristoteles und Cicero wurzelt.
4. Listen Sie die in Z. 19–33 angeführten Staatsformen unter Angabe ihrer charakteristischen Merkmale tabellarisch auf.

Abbildung auf dem Umschlag von Thomas Hobbes' Schrift „Leviathan", publiziert 1651

M Thomas Hobbes (→ EV): Der Leviathan

Aristoteles hatte gelehrt, der Mensch sei ein auf die Mitmenschen und auf die Polis angelegtes und angewiesenes Wesen (*zoon politikon*). In schärfstem Gegensatz dazu steht die Staatslehre von Hobbes: Der Mensch ist kein Gemeinschaftswesen, sondern dem Menschen ein Wolf (*homo homini lupus*), denn er sucht von Natur aus keine Gesellschaft um der Gesellschaft willen, sondern um von ihr Ehre und Vorteil zu erlangen. Somit sind die Mitmenschen nur zur Befriedung höchst egoistischer Bedürfnisse des Einzelnen da. Daraus entsteht notwendigerweise Streit und Krieg. Angesichts dieses Krieges aller gegen alle (*bellum omnium contra omnes*) entdecken aber die Menschen, dass ihr eigentliches Ziel der Friede sein muss, und beginnen zu fragen, auf welche Weise sie zum Frieden gelangen können. Dabei wird ihnen klar, dass das nur durch die Bildung eines Staates durch einen Vertrag möglich ist. Bei diesem Vertrag handelt es sich nicht um einen Gesellschaftsvertrag wie bei Rousseau. Denn Gegenstand dieses Vertrages ist die mit der Aufgabe von Persönlichkeitsrechten verbundene Unterwerfung des Willens aller unter den souveränen Willen eines Menschen oder einer Versammlung. Der so entstandene Staat ist damit ein künstliches Gebilde, das Hobbes als Ausdruck dieses Künst-lichen „Leviathan" nennt. (nach Wilhelm Blum, in: Politische Philosophen, S.114–117)

i Staat

Nach modernen Staatsdefinitionen sind für einen Staat charakteristisch: **1. Staatsgebiet:** ein klar abgegrenztes räumliches Gebiet; **2. Staatsvolk:** kann sich aus mehreren Nationalitäten (gleiche Sprache, Kultur, Tradition) zusammensetzen; zum Staatsvolk gehört, wer die Staatsbürgerschaft besitzt. Diese regelt sich entweder nach dem Personal- oder Abstammungsprinzip (*ius sanguinis:* z.B. Deutschland) oder dem Territorialprinzip (*ius soli*: z.B. Frankreich, USA); **3. Staatsgewalt:** Sie ist ursprünglich (d.h. an den Träger des Staates gebunden) und souverän (d.h. hat freie Entscheidungsgewalt); **4. Staatszweck:** Er gibt an, wie sich die Staatsgewalt legitimiert. Man unterscheidet zwischen den klassischen Staatszwecken (Gewährung von Sicherheit nach innen und außen; Erstellung einer Ordnung) und den modernen Staatszwecken (klassische Staatszwecke und Befriedigung sozialer, materieller und kultureller Bedürfnisse („Sozialstaat")).

5 Buch I: Die „erträglichen“ Staatsformen

Nachdem Scipio die drei seiner Meinung nach „erträglichen“ Staatsformen vorgestellt hat, kommt er anhand der Beispiele des Perserkönigs Kyros (Monarchie), der mit Rom verbündeten Stadt Marseille (Aristokratie) und Athens (Demokratie) auf deren Schwachpunkte zu sprechen.

W	carēre + Abl. regere tollere	praeceps licentia requīrere	G Subjunktion cum Genitivattribut

3 Sed et in regnis nimis expertes sunt ceteri communis iuris et consilii et in optimatium dominatu vix particeps libertatis potest esse multitudo, cum omni consilio communi ac potestate careat, et, cum omnia per populum geruntur quamvis iustum atque moderatum, tamen ipsa aequabilitas est iniqua, cum habet nullos gradus dignitatis. Itaque si Cyrus ille Perses iustissimus fuit sapientissimusque rex, tamen mihi populi res – ea enim est, ut dixi antea, publica – non maxime expetenda fuisse illa videtur, cum regeretur unius nutu ac modo. Si Massilienses, nostri clientes, per delectos et principes cives summa iustitia reguntur, inest tamen in ea condicione populi similitudo quaedam servitutis. Si Athenienses quibusdam temporibus sublato Areopago nihil nisi populi scitis ac decretis agebant, quoniam distinctos dignitatis gradus non habebant, non tenebat ornatum suum civitas.

Atque hoc loquor de tribus his generibus rerum publicarum non turbatis atque permixtis, sed suum statum tenentibus. Quae genera primum sunt in iis singula vitiis, quae ante dixi, deinde habent perniciosa alia vitia. Nullum est enim genus illarum rerum publicarum, quod non habeat iter ad finitimum quoddam malum praeceps ac lubricum. Nam illi regi, ut eum potissimum nominem, tolerabili aut, si vultis, etiam amabili Cyro subest ad immutandi animi licentiam crudelissimus ille Phalaris, cuius in similitudinem dominatus unius proclivi cursu et facile delabitur. Illi autem Massiliensium paucorum et principum administrationi civitatis finitimus est, qui fuit quodam tempore apud Athenienses triginta virorum illorum consensus et factio. Iam Atheniensium populi potestatem omnium rerum ipsi, ne alios requiramus, ad furorem multitudinis licentiamque conversam pesti (Lücke im Text)

optimātēs: W2 – **dominātus**, ūs: (Allein-)Herrschaft

quamvīs (Adv.): wenn auch noch so
aequābilitās, ātis f: Rechtsgleichheit
Cyrus: EV – **Persēs**: Perser
sapiēns: W2

nūtus, ūs m: das (Kopf-)Nicken
Massiliēnsēs, ium m Pl: die Einwohner von Massilia (EV)
similitūdō, inis f ← similis, e
Atheniēnsēs, ium m Pl: die Athener
Arēopagus: der Areopag (SR)
scītum: Beschluss – **dēcrētum** ← dēcernere – **ōrnātus**, ūs ← ōrnāre

permixtīs ~ mixtīs – **status**: W1

iter ... praeceps ac lūbricum
lūbricus, a, um: schlüpfrig, glatt

potissimum: W1 – **tolerābilis**: W2

amābilis, e ← amāre – **Cyrus**: EV
subesse (+ Dat.): unter etw. verborgen sein – **immutandī** ~ mutandī
Phalaris: EV – **prōclīvī cursū**: auf abschüssiger Bahn

trīgintā: dreißig

cōnsēnsus: W2

potestātem ... ad furōrem ... licentiamque conversam ipsī pesti <feram fuisse cōnstat.>

1. Finden Sie zu Absatz 1 und 2 jeweils eine passende Überschrift und zeigen Sie auf, wie beide Absätze innerlich miteinander verknüpft sind.
2. Legen Sie anhand einer Tabelle dar, warum selbst unter besten Voraussetzungen auch die „erträglichen" Verfassungen aus Sicht Scipios bzw. Ciceros „suboptimal" sind.
3. Scipio bzw. Cicero ist mit keiner der vorgestellten Staatsverfassungen völlig zufrieden, da er die sogenannte gemischte Verfassung, d.h. die Verfassung der römischen Republik, für die beste hält.
   a) Betrachten Sie die Abbildung auf Seite 5 und erläutern Sie die Vorteile der gemischten Verfassung gegenüber den einfachen Verfassungen.
   b) Erklären Sie, inwiefern moderne Verfassungen eine Fortschreibung bzw. Verbesserung der römischen Mischverfassung darstellen.
4. Lesen Sie **M 2** und betrachten Sie die Abbildung auf S. 5. Verfassen Sie dann anknüpfend an den in Absatz 1 zweimal verwendeten Begriff der *gradus dignitatis* eine Widerrede Ciceros auf die in **M 1** getroffene Aussage über ihn.
5. Im Original lautet der Titel des Romans von Robert Harris „Lustrum".
   a) Schlagen Sie in einem Wörterbuch nach, was *lustrum* bedeutet und versuchen Sie zu erklären, warum man für die deutsche Ausgabe den Titel „Titan" gewählt hat.
   b) Lesen Sie nochmals Seite 8-9 und diskutieren Sie, ob der Titel „Titan" auf Cicero, den Helden des Romans, zutrifft.

Cover des Romans „Titan" von Robert Harris (München 2009)

M 1 Interview mit Robert Harris (→ EV)

SZ: Mister Harris, Sie haben sich zum zweiten Mal in Folge mit Cicero beschäftigt. Was ist so faszinierend an dem Mann, den wir heute vor allem als guten Redner kennen?

Harris: Er ist einfach zu verstehen, ein Römer und doch ein moderner Mensch. Wenn man über ihn schreibt, vermindert sich die Distanz zwischen uns und den Römern sehr schnell. Er kam aus kleinen Verhältnissen und hat es bis ganz nach oben geschafft, er war kein Militarist, er war nicht grausam. Er verteidigte lieber als anzugreifen, und er versuchte, die Demokratie am Leben zu erhalten.

(in SZ vom 16. Nov. 09, S.10 zum neuen Roman „Titan")

M 2 Cicero, *De rep.* 3,18

Esse enim hoc boni viri et iusti: tribuere id cuique, quod sit quoque dignum.

Zeichen für einen guten und gerechten Mann sei nämlich Folgendes: jedem das zuzuteilen, was seiner Würde entspreche.

6 Buch I: Der Verfassungskreislauf (1) – Anarchie

Obwohl Laelius weiß, dass Scipio die gemischte Verfassung bevorzugt, bittet er ihn, darüber zu sprechen, welche von den drei „erträglichen" Staatsformen er für die beste hält. Scipio erfüllt ihm seinen Wunsch, holt aber weiter aus.

W tuērī · spoliāre + Abl. · cōnārī · ūtī + Abl. · (īn)sequī (+ Akk.) · īrāscī

G Deponentia · Satzanalyse → S. 52

4 Et Scipio: „Est omnino, cum de illo genere rei publicae, quod maxime probo, quae sentio, dixero, accuratius mihi dicendum de commutationibus rerum publicarum, etsi minime facile eas in ea re publica futuras puto. Sed huius regiae prima et certissima est illa mutatio: Cum rex iniustus esse coepit, perit illud ilico genus et est idem ille tyrannus, deterrimum genus et finitimum optimo. Quem si optimates oppresserunt - quod ferme evenit - habet statum res publica de tribus secundarium. Est enim quasi regium, id est patrium consilium populo bene consulentium principum. Sin per se populus interfecit aut eiecit tyrannum, est moderatior, quoad sentit et sapit et sua re gesta laetatur tuerique vult per se constitutam rem publicam. Sin quando aut regi iusto vim populus attulit regnove eum spoliavit aut etiam - id, quod evenit saepius, - optimatium sanguinem gustavit ac totam rem publicam substravit libidini suae, cave, putes aut mare ullum aut flammam esse tantam, quam non facilius sit sedare quam effrenatam insolentia multitudinem! Tum fit illud, quod apud Platonem est luculente dictum, si modo id exprimere Latine potuero. Difficile factu est, sed conabor tamen.

‚Cum', enim inquit, ‚inexplebiles populi fauces exaruerunt libertatis siti malisque usus ille ministris non modice temperatam, sed nimis meracam libertatem sitiens hausit, tum magistratus et principes, nisi valde lenes et remissi sint et large sibi libertatem ministrent, insequitur, insimulat, arguit, praepotentes reges tyrannos vocat.' Puto enim tibi haec esse nota." „Vero mihi", inquit ille <Laelius>, „notissima."

„Ergo illa sequuntur: ‚Eos, qui pareant principibus, agitari ab eo populo et servos voluntarios appellari. Eos autem, qui in magistratu privatorum similes esse velint, eosque privatos, qui efficiant, ne quid inter privatum et magistratum differat, ferunt laudibus, mactant honoribus, ut necesse sit

Est ... mihi dīcendum <ea>, **quae sentiō** - **accūrātus**, a, um: sorgfältig

futūras <esse>

īlicō (Adv.) ~ statim
dēterrimum ~ pessimum
fīnitimus: W3 - **optimātēs**: W2
fermē (Adv.): meistens - **status**: W1 - **secundārium** ~ secundum

moderātus: W3 - **quoad** (Subj.): solange als - **laetārī** ← laetitia

quandō ~ aliquandō

saepius: Komp. zu saepe - **gustāre** *hier*: lecken - **substernere**, -sternō, -strāvī: unterwerfen - **cavē**, <ut> **putēs** - **quam nōn ...** ~ ut nōn facilius sit eam sedāre quam
sedāre: beruhigen - **effrēnātus īnsolentiā**: vor Übermut außer Rand und Band geraten - **Platō**, ōnis: EV
lūculentē: treffend - **potuerō** ~ poterō

inexplēbilis, e: unersättlich - **faucēs**, ium f Pl: Rachen - **exārēscere**, -ārēscō, -āruī: austrocknen - **modicē** ← modus
merācus, a, um: rein - **sitiēns** ← sitis
remissus, a, um: nachgiebig

largē: reichlich - **ministrent** ~ tribuant
īnsimulāre: verdächtigen - **arguere**: beschuldigen - **praepotentēs** m Pl: Herrscher - <Platō dīcit> **eōs ... appellārī** - **agitāre** *hier*: verfolgen
voluntārius, a, um: freiwillig

ferunt ~ efferunt
mactāre: beschenken

in eiusmodi re publica plena libertatis esse omnia; ut et privata domus omnis vacet dominatione et hoc malum usque ad bestias perveniat; denique ut pater filium metuat, filius patrem neglegat, absit omnis pudor; ut plane liberi sint, nihil intersit, civis sit an peregrinus; magister ut discipulos metuat et iis blandiatur spernantque discipuli magistros; adulescentes ut senum sibi pondus adsumant, senes autem ad ludum adulescentium descendant, ne sint iis odiosi et graves. Ex quo fit, ut etiam servi se liberius gerant, uxores eodem iure sint quo viri inque tanta libertate canes etiam et equi, aselli denique libere sic incurrant, ut iis de via decedendum sit. Ergo ex hac infinita,' inquit, ‚licentia haec summa cogitur, ut ita fastidiosae mollesque mentes evadant civium, ut si minima vis adhibeatur imperii, irascantur et perferre nequeant. Ex quo leges quoque incipiunt neglegere, ut plane sine ullo domino sint.'"

vacāre (+ Abl.): frei sein von etw.
dominātiō, ōnis f: Herrschaft

plānē (Adv.): völlig

<utrum> **cīvis sit an** - **peregrīnus:** Fremder - **blandīrī:** schmeicheln

pondus, eris n: Gewicht - **adsūmere** *hier*: anmaßen - **odiōsus**, a, um: verhasst - **gravis**, e *hier*: lästig

asellus: Esel

incurrere *hier*: heranstürmen
dēcēdendum ~ cēdendum
īnfīnītus, a, um: grenzenlos
haec summa cōgitur ~ sequitur
fastīdiōsus, a, um: verwöhnt
ēvādere *hier*: werden
ex quō: darauf - **plānē:** völlig

1. Interpretieren Sie Absatz 1 nach formalen und inhaltlichen Kriterien (→ S. 53).
2. Finden Sie eine prägnante Überschrift für Absatz 2.
3. Beschreiben Sie das Detail aus dem Fresko Lorenzettis (→ **i**) und erklären Sie, die Entartung welcher Staatsform es beschreiben könnte.
4. **a)** Fassen Sie Platons Thesen im Einzelnen zusammen.
   b) Diskutieren Sie auf dieser Grundlage, ob das von Platon entworfene und von Scipio referierte Szenario auch auf unsere heutigen demokratischen Gesellschaften zutrifft.

Ambrogio Lorenzetti (ca. 1290–1348): Die schlechte Regierung. Detail aus einem Fresko im Rathaus in Siena

i „Die gute und die schlechte Regierung"

Der italienische Maler Ambrogio Lorenzetti (ca. 1290–1348) schmückte 1338/39 das Rathaus von Siena mit dem Wandgemälde „Die gute und die schlechte Regierung" aus. Auf eine Allegorie der guten (s. Abb. S. 19) bzw. schlechten Regierung (s. Abb. rechts) ließ er jeweils mehrere Bilder folgen, auf denen er die Auswirkungen guten und schlechten Regierens auf Stadt und Land darstellte. Diese Gemälde sollten den Ratsherren Ansporn und Mahnung zugleich sein.

7 Buch I: Der Verfassungskreislauf (2) – gemischte Verfassung

Nachdem Laelius Scipio bestätigt hat, dass er die Gedanken Platons genau wiedergegeben hat, führt Scipio seine Ausführungen zum Verfassungskreislauf zu Ende, um schließlich auf die beste Verfassung zu sprechen zu kommen.

W revertī, nāscī, orīrī, convertere, ēvenīre, opprimere

G Substantivierung Adjektive, Relativer Satzanschluss

5 „Atque ut iam ad sermonis mei auctorem revertar: Ex hac nimia licentia, quam illi solam libertatem putant, ait ille ut ex stirpe quadam exsistere et quasi nasci tyrannum. Nam ut ex nimia potentia principum oritur interitus principum, sic hunc nimis liberum populum libertas ipsa servitute afficit. Sic omnia nimia, cum vel in tempestate vel in agris vel in corporibus laetiora fuerunt, in contraria fere convertuntur. Maximeque id in rebus publicis evenit nimiaque illa libertas et populis et privatis in nimiam servitutem cadit. Itaque ex hac maxima libertate tyrannus gignitur et illa iniustissima et durissima servitus. Ex hoc enim populo indomito vel potius immani deligitur aliqui plerumque dux contra illos principes afflictos iam et depulsos loco, audax, impurus, consectans proterve bene saepe de re publica meritos, populo gratificans et aliena et sua. Cui quia privato sunt oppositi timores, dantur imperia et ea continuantur, praesidiis etiam, ut Athenis Pisistratus, saepiuntur. Postremo, a quibus producti sunt, exsistunt eorum ipsorum tyranni. Quos si boni oppresserunt, ut saepe fit, recreatur civitas. Sin audaces, fit illa factio, genus aliud tyrannorum, eademque oritur etiam ex illo saepe optimatium praeclaro statu, cum ipsos principes aliqua pravitas de via deflexit. Sic tamquam pilam rapiunt inter se rei publicae statum tyranni ab regibus, ab iis autem principes aut populi, a quibus aut factiones aut tyranni nec diutius umquam tenetur idem rei publicae modus.

Quod ita cum sit, ex tribus primis generibus longe praestat mea sententia regium. Regio autem ipsi praestabit id, quod erit aequatum et temperatum ex tribus primis rerum publicarum modis. Placet enim esse quiddam in re publica praestans et regale, esse aliud auctoritati principum impartitum ac tributum, esse quasdam res servatas iudicio voluntatique multitudinis. Haec constitutio primum habet aequabilitatem quandam, qua carere diutius vix possunt

- **stirps**, is f: Wurzelstock – **tyrannus**: W4
- **interitus**, ūs: Untergang
- **laetus**, a, um *hier*: üppig
- **cadere** in (+ Akk.): in etw. umschlagen
- **gignere**: W2 – **iniūstus**: W4
- **indomitus**, a, um: unbezähmbar
- **afflictus**, a, um: niedergeschlagen
- **dēpulsus locō**: aus ihrer (gesellsch.) Stellung vertrieben – **impūrus**, a, um *hier*: gemein – **protervē cōnsectāre**: schamlos verfolgen – **grātificāns** ~ tribuēns – **imperium** *hier*: Vollmacht
- **continuāre** *hier*: verlängern
- **Pīsistratus**: EV – **<iī ducēs>** saepiuntur – **saepīre**: umgeben – **prōdūcere** *hier*: fördern – **recreārī** sich erholen
- **sīn**: W5 – **factiō**: W3
- **status**: W1 – **optimātēs**: W2
- **prāvitās**, ātis f: Schlechtigkeit
- **dēflectere** *hier*: abbringen
- **pila**: Ball
- **diutius**: Komp. zu diū – **modus** ~ genus
- **aequātus**, a, um: ausgeglichen
- **praestāns**: W2 – **rēgālis**, e ← rēx
- **impartīre**: zuteilen
- **servāre** *hier*: vorbehalten
- **aequābilitās**, ātis f: Rechtsgleichheit

liberi, deinde firmitudinem, quod et illa prima facile in contraria vitia convertuntur, ut exsistat ex rege dominus, ex optimatibus factio, ex populo turba et confusio, quodque ipsa genera generibus saepe commutantur novis. Hoc in hac iuncta moderateque permixta constitutione rei publicae non ferme sine magnis principum vitiis evenit. Non est enim causa conversionis, ubi in suo quisque est gradu firmiter collocatus et non subest, quo praecipitet ac decidat.

firmitūdō, inis f ← firmus - **factiō**, ōnis f: W3

cōnfūsiō, ōnis f: Unordnung

commutantur ~ mutantur

moderātus, a, um: W3 - **permixtā** ~ mixtā

fermē ~ ferē

conversiō, ōnis f ← convertere

gradus: W3 - **nōn subest, quō**: es gibt nichts, wohin - **dēcidat** ~ dēcadat

1. Fertigen Sie anhand von Absatz 1 und Text 4, Z. 1-21 (S. 16) ein Schaubild zur Theorie des Verfassungskreislaufes an, in das Sie auch die Gründe, die zum jeweiligen Wechsel der Verfassung führen, aufnehmen.

2. a) Erklären Sie, warum für Scipio bzw. Cicero die Monarchie in der Theorie die beste Staatsform darstellt.

b) Betrachten Sie das Detail aus dem Fresko Lorenzettis (→ **i**, S. 17) und erklären Sie, worin seine Aussage über die von Cicero vorgetragenen Gedanken zur Monarchie hinausgeht.

3. Begründen Sie mit Hilfe von Absatz 2 und **i**, warum nach Meinung Scipios bzw. Ciceros die gemischte Verfassung die beste Verfassung darstellt.

Ambrogio Lorenzetti (ca. 1290-1348): Die gute Regierung. Detail aus einem Fresko im Rathaus in Siena

i Die gemischte Verfassung (*genus mixtum*)

Scipio bzw. Cicero interpretiert die römische Verfassung als „gemischte Verfassung": Anders als die Verfassungen griechischer Stadtstaaten ist sie nicht von einem Verfassungsgeber allein entworfen worden (z.B. Solon (→ EV) oder Perikles (→ EV) in Athen), sondern das Ergebnis vieler Jahrhunderte und Menschen. In ihr sind Elemente aus Monarchie, Aristokratie und Demokratie vertreten und „vermischt":

Monarchisches Element: Konsuln: Sie haben nahezu königliche Macht (Richtlinienkompetenz); diese müssen sie aber mit einem Amtskollegen (Kollegialität) teilen; zudem ist ihre Amtszeit auf ein Jahr beschränkt (Annuität; Kontinuationsverbot), in dem sie auch kein weiteres Amt bekleiden dürfen (Kumulationsverbot) und nach dem sie zur Verantwortung gezogen werden können.

Aristokratisches Element: Senat: Er hat die Gesetzesinitiative, kann aber Gesetze nicht beschließen.

Demokratisches Element: Volksversammlung: Sie hat keine Gesetzesinitiative, aber ein Vetorecht.

8 Buch II: Kurze innenpolitische Geschichte Roms

Roms Größe und Macht war und ist – darin ist sich Scipio bzw. Cicero sicher – die Folge der Stabilität der gemischten Verfassung der römischen Republik. Diese verdankte sich aber nicht der göttlichen Eingebung eines Einzelnen, sondern war das Ergebnis der weisen Politik nicht nur der ersten Könige, sondern auch vieler anderer herausragender Politiker Roms. Denn Rom war anders als Athen oder Sparta nicht durch das Genie eines Solon (→ EV) oder Lykurg (→ EV) und nicht in der Spanne eines einzigen Menschenlebens, sondern im Lauf vieler Jahrhunderte von vielen Politikern gebaut worden. Der Einzelne war somit in diesem jahrhundertelangen Prozess trotz aller Leistungen großer Einzelgestalten zumindest in der politischen Theorie nicht entscheidend. Denn er trat nach getaner Arbeit wieder in die Reihen von Senat und Volk zurück, um das fein abgestimmte Gefüge der gemischten Verfassung nicht aus dem Gleichgewicht zu bringen. Dieses war im Lauf der Geschichte Roms durch mehrere „Updates" der Grundverfassung des Romulus entstanden, wie Cicero Scipio in Buch II von *De re publica* ausführen lässt.

Grundverfassung: Königsherrschaft Romulus (1. König)	Stadtgründung; Einrichtung des Senats als königliches Beratungsgremium, in das Romulus die führenden Männer (*principes*) berief, die wegen ihrer Beliebtheit als „Väter" (*patres*, wonach ihre Kinder dann *patricii* genannt wurden) bezeichnet wurden
religiöse Erweiterung: Numa Pompilius (2. König)	„Kultivierung" des Kriegsvolkes des Romulus durch Gottesfurcht (*religio*) und Milde (*clementia*): Einrichtung verschiedener Priesterschaften (z.B. Vestalinnen; Auguren)
politische Erweiterung: Lucius Tarquinius (5. König)	Aufbau eines eigenen Ritterstandes (*ordo equester*); Plan der Erbauung eines Jupitertempels auf dem Kapitol
politische Reform: Servius Tullius (6. König)	Einrichtung der Volksversammlung nach Besitzklassen (*comitia centuriata*), so dass bei Abstimmungen nicht die Masse, sondern der Besitz den Ausschlag gab; Bau der sog. „Servianischen Stadtmauer"
politische Neuordnung: Beginn der Republik Lucius Brutus (ca. 510 v. Chr.)	Vertreibung des Tarquinius Superbus, des siebten und letzten Königs, und der Tarquinier aus Rom; allmähliche Einrichtung der regulären patrizischen Ämter der Republik (Konsul, Prätor, Ädil, Quästor) und des zeitlich begrenzten Notstandsamtes der Diktatur
politische Reform: Ständekämpfe (470–287 v. Chr.)	Einrichtung eines eigenen politischen Amtes für die Sicherstellung der Interessen der Plebs: Volkstribunat (*tribunus plebis*); Übertragung des Gliederungsprinzips der Heeresversammlung auf die Volksversammlung (*comitia centuriata*), die ab jetzt die höchsten Beamten wählt; zivilrechtliche Gleichberechtigung (*conubium und commercium*) und politische Mitbestimmung für alle erwachsenen römischen Bürger (= aktives Wahlrecht, *suffragium*, und schließlich auch das passive Wahlrecht ab 367 v. Chr. mit den *leges Liciniae Sextiae*: einer der zwei Konsuln darf, der andere muss ein Plebejer sein); 287 v. Chr.: *lex Hortensia*: Die Beschlüsse der Volksversammlung (*concilium plebis*) bekommen Gesetzeskraft
dazwischen: **Veröffentlichung des Rechts** (ca. 450 v. Chr.)	Kodifikation (= öffentliche Bekanntmachung und Zusammenfassung) des bis dahin von den Priestern im Geheimen verwalteten Rechts durch das Gremium der Decemvirn (*decemviri legibus scribendis*); Entstehung des Zwölftafelgesetzes

Mit Hilfe der so stets an die neuen Herausforderungen angepassten Verfassung war es Rom nicht nur gelungen, selbst schwärzeste Stunden wie den Galliereinfall (390 v. Chr.) zu überwinden, sondern auch für zukünftige Herausforderungen wie die Konfrontation mit Karthago gewappnet zu sein. Und während so die Ausdehnung des Imperium Romanum immer weiter voranschritt, blieb doch der Mittelpunkt dieses Reichs unumstritten Rom. Und selbst wenn es im Vergleich zu den großen Metropolen des 1. Jh. v. Chr. wie Alexandria eher zurückgeblieben erschien, liebten die Römer und allen voran Cicero ihre Stadt und wandten sich wütend gegen alle Pläne, diese gegen eine modernere Hauptstadt einzutauschen. So schrieb Cicero in einer Rede gegen ein von Cäsar unterstütztes Ackergesetz, demzufolge nach Interpretation Ciceros Capua gleichsam ein zweites Rom werden sollte, Folgendes (*De leg. agr.* 2,86–87):

Contra hanc Romam, communem patriam omnium nostrum, illa altera Roma quaeretur. In id oppidum homines nefarii rem publicam vestram transferre conantur, quo in oppido maiores nostri nullam omnino rem publicam esse voluerunt.

Gegen dieses unser Rom, die gemeinsame Heimat von uns allen, wird jene Stadt als zweites Rom errichtet werden. In diese Kleinstadt versuchen gottlose Menschen euren Staat zu übertragen, in der es nach dem Willen eurer Vorfahren überhaupt keinen Staat geben sollte. (Übersetzung: C. Zitzl)

Denn für Cicero galt es nicht nur als *nefas,* sich über die Grundprinzipien der gemischten Verfassung hinwegzusetzen, sondern auch an der Grundbedeutung Roms und des Senats als Mittelpunkt des politischen Lebens zu zweifeln. So entfernte er sich nur notgedrungen aus seiner geliebten, von Soldaten freien Stadt, während Cäsar und andere längst begonnen hatten, über den Umweg großer Sonderkommandos in ausländischen Heerlagern und über die geschickte Instrumentalisierung von Volkstribunen Politik zu betreiben. Und während Cicero stolz darauf war, seine Nähe zur Republik durch ein Haus in Forumsnähe zu demonstrieren, gingen Pompejus und Cäsar daran, mit gewaltigen Prachtbauten (wie z.B. dem Pompejus-Theater und dem Cäsar-Forum) das republikanische Rom in eine Werbefläche für ihre Eigeninteressen umzubauen.

1. Zeigen Sie, worin nach Ansicht Ciceros das Erfolgsrezept der römischen Verfassung besteht.
2. Begründen Sie, warum die gemischte Verfassung lange Zeit ein Erfolgsmodell war, letztlich aber scheiterte.
3. Vergleichen Sie das politische Denken Ciceros und Cäsars hinsichtlich ihrer Haltung zu Rom und diskutieren Sie, ob sich daraus Lehren für politisches Handeln in einer globalisierten Welt ziehen lassen.
4. Welche Rückschlüsse auf das politische Denken von Cicero und Pompejus lassen sich aus der Lage von Ciceros Haus und des Pompejus-Theaters ziehen?

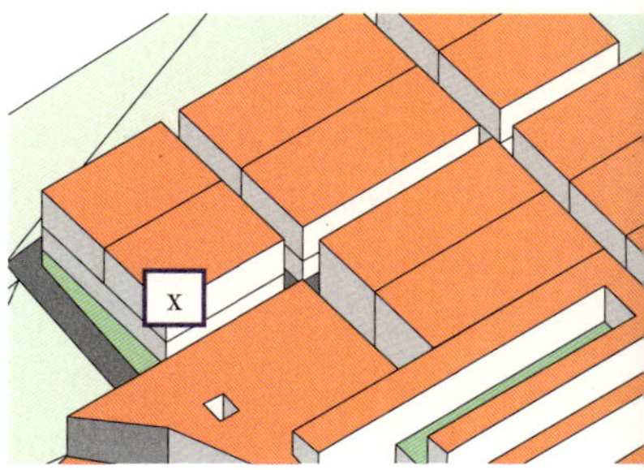

Ciceros Haus auf dem Palatin (mit x bezeichnet; Rekonstruktion)

Das auf dem Marsfeld sich im Jahre 55 v. Chr. in einsamer Größe erhebende Pompejus-Theater (Computer-Rekonstruktion)

9 Buch III: Gerechtigkeit als Fundament des Staates

Während Laelius mit den Ausführungen Scipios zur Entstehung des Staates zufrieden ist, vermisst Tubero, der Neffe Scipios, Hinweise darauf, wie man den Staat bewahren kann. Dieses Thema verschiebt Scipio auf den nächsten Tag, dessen Gespräche Cicero in Buch III und IV von *De re publica* schildert. Um die Bedeutung der Gerechtigkeit besser herauszuarbeiten, argumentiert L. Furius Philus, ein Freund Scipios, nach dem Vorbild des Karneades (→ **i**, S. 23), aber zunächst als *advocatus diaboli* gegen die Gerechtigkeit.

W accēdere, efficere, omittere, damnāre, colere, dīligere

G Pronomina, NcI

6 Philus: „Sapientia iubet augere opes, amplificare divitias, proferre fines – unde enim esset illa laus in summorum imperatorum incisa monumentis ‚fines imperii propagavit', nisi aliquid de alieno accessisset? – imperare quam plurimis, frui voluptatibus, pollere, regnare, dominari. Iustitia autem praecipit parcere omnibus, consulere generi hominum, suum cuique reddere, sacra publica aliena non tangere. Quid igitur efficitur, si sapientiae pareas? Divitiae, potestates, opes, honores, imperia, regna vel privatis vel populis. Sed quoniam de re publica loquimur suntque illustriora, quae publice fiunt, quoniamque eadem est ratio iuris in utroque, de populi sapientia dicendum puto. Et ut iam omittam alios: Noster hic populus, quem Africanus hesterno sermone a stirpe repetivit, cuius imperio iam orbis terrae tenetur, iustitia an sapientia est e minimo omnium <maximus factus?>

(Lücke im Text)

Philus: „Quaero: Si duo sint, quorum alter optimus vir, aequissimus, summa iustitia, singulari fide, alter insigni scelere et audacia, et si in eo sit errore civitas, ut bonum illum virum sceleratum, facinerosum, nefarium putet, contra autem eum, qui sit improbissimus, existimet esse summa probitate ac fide, proque hac opinione omnium civium bonus ille vir vexetur, rapiatur, manus ei denique auferantur, effodiantur oculi, damnetur, vinciatur, uratur, exterminetur, egeat, postremo iure etiam optimo omnibus miserrimus esse videatur, contra autem ille improbus laudetur, colatur, ab omnibus diligatur, omnes ad eum honores, omnia imperia, omnes opes, omnes undique copiae conferantur, vir denique optimus omnium existimatione et dignissimus omni

amplificāre: vergrößern

prōferre *hier:* ausdehnen – **laus in … monumentīs incīsa** – **incīsus**, a, um *hier:* eingemeißelt – **prōpāgāre**: ausdehnen

pollēre: stark sein – **rēgnāre** ← rēgnum

ratiō, ōnis f *hier:* das Wesen

aliōs <populōs>

hesternus, a, um: gestrig

ā stirpe repetere: auf den Anfang zurückführen – <utrum> **iūstitiā an**

singulāris: W2

error, ōris m ← errāre

facinerōsus, a, um: lasterhaft – **contrā** (Adv.) *hier:* dagegen

probitās, ātis f ← probus – **prō** *hier:* entsprechend – **rapere** *hier:* ins Gefängnis schleppen – **effodere:** ausstechen – **vincīre**: W2 – **extermināre**: verbannen – **egēre:** Not leiden

contrā (Adv.) *hier:* dagegen

cōpiae ~ dīvitiae

exīstimātiōne: nach Einschätzung

fortuna optima iudicetur: Quis tandem erit tam demens, qui dubitet, utrum se esse malit? Quod in singulis, idem est in populis: Nulla est tam stulta civitas, quae non iniuste imperare malit quam servire iuste.

uter, utra, utrum: wer von beiden
est *hier*: es trifft zu
iniūstus: W4

1. Fertigen Sie vor der Übersetzung von Z. 17–29 eine Satzanalyse an (→ S. 52).
2. Lesen Sie die Vorrede auf S. 22 und 24. Zeigen Sie dann auf, worin und warum Cicero in der Gestaltung des dritten Buches von *De re publica* von Karneades (→i) abweicht.
3. Vergleichen Sie Absatz 1 mit **M 1**. Interpretieren Sie Ihr Ergebnis.
4. Interpretieren Sie Absatz 2 nach formalen und inhaltlichen Kriterien (→ S. 53).
5. Lesen Sie **M 2** und diskutieren Sie, ob der Ehrliche wirklich immer der Dumme ist oder ehrlich letztlich doch am längsten währt.

M 1 Vergil, Äneis 6,851–853

Tu regere imperio populos, Romane, memento
hae tibi erunt artes pacique imponere morem,
parcere subiectis, et debellare superbos!

Du aber, Römer denk daran, mit deiner Befehlsgewalt die Völker zu beherrschen – das werden deine Künste sein – und dem Frieden Moral (Ordnung) aufzuerlegen, die Unterworfenen zu schonen und die Stolzen zu unterwerfen!

M 2 Ulrich Wickert (→ EV): Der Ehrliche ist der Dumme

Erliegt unsere Zivilisation dem ins Monströse gesteigerten Prinzip Eigennutz? Oder gibt es bleibende Normen, ohne die eine Gemeinschaft Schaden nimmt? In diesem Essay geht Ulrich Wickert, der uns als Moderator der Tagesthemen täglich mit schlechten Nachrichten konfrontiert, an Beispielen aus Politik und Gesellschaft konkreten Fragen nach. Fragen, die sich ergeben, weil politisches und gesellschaftliches Handeln häufig nicht von moralischem Wollen geleitet wird: Wie belastet dieser Werteverlust unsere Zeit, und welche Orientierungshilfe braucht der Mensch in einer Welt, die sich im Umbruch befindet? (Werbetext zum 1996 in Hamburg erschienenen Buch, s. Abb.)

i Karneades

Griech. Philosoph (ca. 213–128 v. Chr.); besuchte als Schulleiter der platonischen Akademie zusammen mit Kritolaos (Peripatos) und Diogenes (Stoa) im Jahr 155 v. Chr. Rom. Dort hielt er am einen Tag eine Rede „für", am darauffolgenden Tag eine Rede „gegen die Gerechtigkeit". Da Cato der Ältere solche Redekunst als gefährlich für den Bestand der politischen Ordnung erachtete, drängte er darauf, die Philosophengesandtschaft so schnell wie möglich wieder nach Griechenland zurückzuschicken.

10 Buch III: Der gerechte Krieg

Auf die Ausführungen des Philus gegen die Gerechtigkeit antwortet Laelius mit einer Verteidigung der Gerechtigkeit. Diese ist freilich weitgehend verloren. Aus verschiedenen Fragmenten (→ **M 4**, S. 26) lässt sich rekonstruieren, dass Laelius Gerechtigkeit nicht nur als das Fundament der Innenpolitik, sondern auch der Außenpolitik Roms verstand. Was er in diesem Zusammenhang über den „gerechten Krieg" äußerte, dürfte im Wesentlichen dem entsprechen, was Cicero in Buch I von *De officiis* (→ S. 37) schreibt.

W accipere, suscipere, parere, sequī (m. Akk.), hortārī, cōnsulere

G Prädikatives Gerundiv, Ablativus absolutus

+7 Sunt autem quaedam officia etiam adversus eos servanda, a quibus iniuriam acceperis. Est enim ulciscendi et puniendi modus. Atque haud scio, an satis sit eum, qui lacessiverit, iniuriae suae paenitere, ut et ipse ne quid tale posthac et ceteri sint ad iniuriam tardiores. Atque in re publica maxime conservanda sunt iura belli. Nam cum sint duo genera decertandi - unum per disceptationem, alterum per vim - cumque illud proprium sit hominis, hoc beluarum, confugiendum est ad posterius, si uti non licet superiore. Quare suscipienda quidem bella sunt ob eam causam, ut sine iniuria in pace vivatur, parta autem victoria conservandi ii, qui non crudeles in bello, non immanes fuerunt, ut maiores nostri Tusculanos, Aequos, Volscos, Sabinos, Hernicos in civitatem etiam acceperunt, at Karthaginem et Numantiam funditus sustulerunt. Nollem Corinthum, sed credo aliquid secutos, opportunitatem loci maxime, ne posset aliquando ad bellum faciendum locus ipse adhortari. Mea quidem sententia paci, quae nihil habitura sit insidiarum, semper est consulendum. In quo si mihi esset obtemperatum, si non optimam, at aliquam rem publicam, quae nunc nulla est, haberemus. Et cum iis, quos vi deviceris, consulendum est, tum ii, qui armis positis ad imperatorum fidem confugient, quamvis murum aries percusserit, recipiendi. In quo tantopere apud nostros iustitia culta est, ut ii, qui civitates aut nationes devictas bello in fidem recepissent, earum patroni essent more maiorum. Ac belli quidem aequitas sanctissime fetiali populi Romani iure perscripta est. Ex quo intellegi potest nullum bellum esse iustum, nisi quod aut rebus repetitis geratur aut denuntiatum ante sit et indictum.

lacessere, lacessō, lacessīvī: herausfordern - **paenitēre** (+Gen.): etw. bereuen **ut ... tāle** ~... ut et ipse nihil tāle <faciat> - **posthāc** ~ posteā - **tardus**, a, um: langsam

dēcertāre: um die Entscheidung kämpfen - **disceptātiō**, ōnis f: richterliche Entscheidung - **bēlua:** (Un-)Tier **posterius** *hier*: das Letztere

immānis: W5

Tusculānī, Aequī, Volscī, Hernicī: EV

Numantia, Corinthus: EV

funditus (Adv.): völlig - **nōllem** *hier*: leider auch - **crēdō... secūtōs: crēdō** <maiōrēs nostrōs> **aliquid secūtōs** <esse> - **sequi** *hier*: sich leiten lassen von - **opportūnitās**, ātis f ← opportūnus - **aliquandō**: W4 **adhortārī** ~ hortārī **obtemperāre:** hören auf

dēvincere, -vincō, -vīcī, -victus: (völlig) besiegen

ariēs, etis m: Rammbock - **recipiendī** <sunt> - **tantopere** (Adv.): so sehr

in fidem recipere: in seinen Schutz aufnehmen - **aequitās**, ātis f *hier*: Rechtsgrundsatz - **fētiāle iūs:** Fetialrecht (d.h. Kriegsrecht) - **perscriptus**, a, um: genau aufgeschrieben **rēbus repetītīs:** für Schadenersatz **dēnūntiāre** *hier*: androhen - **indīcere** *hier*: erklären

1. Entwickeln Sie aus *De officiis* 1,34-36, **M 1** und **M 1** auf S. 23 die Theorie des gerechten Krieges. Interpretieren Sie danach Ihr Ergebnis vor dem Hintergrund der Tatsache, dass Cäsar zur Zeit der Abfassung von *De re publica* in Gallien Krieg führte.
2. Betrachten Sie das Gemälde „Krieg" von Marc Chagall, und erklären Sie anhand dieses Bildes, was Krieg für die Zivilbevölkerung bedeutet.
3. Paraphrasieren Sie **M 2** und zeigen Sie auf, warum der Text auch heute noch Aktualität besitzt.
4. Übersetzen Sie unter Zuhilfenahme eines Wörterbuches **M 3**. Begründen Sie dann an historischen Beispielen Ihrer Wahl entweder, warum Kriege nicht gerecht, evtl. aber gerechtfertigt bzw. notwendig sein können, oder - strikt pazifistisch - eine kategorische Ablehnung eines jeden Krieges.

Marc Chagall (1887-1985): Krieg

M 1 Tacitus, Historien 4,73-74: Die Rede des römischen Generals Cerialis in Trier

Euer Land und das der übrigen Gallier haben römische Feldherrn und Imperatoren betreten, nicht aus Eigennutz, sondern auf Hilfegesuch eurer Vorfahren, die innerer Hader bis an den Rand des Untergangs trieb, während die zu Hilfe gerufenen Germanen ihren Bundesgenossen so, als wären sie Feinde, das Joch der Knechtschaft auferlegt hatten. (...) Die Germanen haben immer die gleiche Ursache, nach Gallien herüberzukommen: Willkür, Habsucht und Lust, ihre Wohnsitze zu wechseln (...): Allerdings, Freiheit und andere prächtige Namen dienen als Vorwand. (...) Zwingherrschaften und Kriege hat es in Gallien immer gegeben, bis ihr unserer Rechtsordnung beigetreten seid; wir haben (...) euch nach Siegesrecht nur das auferlegt (d. h. Tribute), womit wir den Frieden schützen können. (...) Alles Übrige habt ihr mit uns gemeinsam.

(Übersetzung: H. Vretska)

+M 2 Sallust, Historien 4,69,5; 20-21: Mithridatesbrief

(5) Romanis cum nationibus, populis, regibus cunctis una et ea vetus causa bellandi est, cupido profunda imperi(i) et divitiarum. [...] (20) Arma in omnes habent, acerruma in eos, quibus victis spolia maxuma. Audendo et fallundo et bella ex bellis serundo magni facti. (21) Per hunc morem extinguent omnia aut occident.

+M 3 Erasmus, *Querela Pacis*

Si quando conspexisti ruinas urbium, dirutos vicos, exusta fana, desolatos agros, et id spectaculum miserandum, ut est, visum est, cogita hunc esse belli fructum!

M 4 Cicero, *De re publica*: Fragmente des 3. Buches (3,34–35; 37)

Nullum bellum suscipi a civitate optima nisi aut pro fide aut pro salute.

Illa iniusta bella sunt, quae sunt sine causa suscepta. Nam extra ulciscendi aut propulsandorum hostium causam bellum geri iustum nullum potest.

Nullum bellum iustum habetur nisi denuntiatum, nisi dictum, nisi de repetitis rebus.

Noster autem populus sociis defendendis terrarum iam omnium potitus est.

Sed et imperandi et serviendi sunt dissimilitudines cognoscendae. Nam ut animus corpori dicitur imperare, dicitur etiam libidini, sed corpori ut rex civibus suis aut parens liberis, libidini autem ut servis dominus, quod eam coercet et frangit, sic regum, sic imperatorum, sic magistratuum, sic patrum, sic populorum imperia civibus sociisque praesunt, ut corporibus animus, domini autem servos ita fatigant ut optima pars animi, id est sapientia, eiusdem animi vitiosas imbecillasque partes, ut libidines, ut iracundias, ut perturbationes ceteras.

Est enim genus iniustae servitutis, cum ii sunt alterius, qui sui possunt esse; cum autem ii famulantur …

Dass kein Krieg vom besten Staate unternommen werde außer für gegebenes Wort oder das Heil.

Jene Kriege sind ungerecht, die ohne Grund unternommen werden: denn ohne den Grund, sich zu rächen oder die Feinde zurückzuschlagen, kann kein gerechter Krieg geführt werden.

Kein Krieg gilt als gerecht außer dem angesagten, erklärten, außer nach Stellung der Forderung auf Rückgabe des Eigentums.

Unser Volk aber hat sich durch die Verteidigung der Bundesgenossen schon aller Länder bemächtigt.

Aber sowohl im Befehlen als auch im Dienen müssen Unterschiede erkannt werden. Denn wie man sagt, dass der Geist dem Körper befehle, aber auch den Gelüsten, dem Körper wie ein König seinen Bürgern oder ein Vater seinen Kindern, den Gelüsten aber wie ein Herr den Sklaven, weil er sie bändigt und bricht, so gebietet die Befehlsgewalt der Könige, so der Feldherrn, so der Beamten, so der Väter, so der Völker den Bürgern und Bundesgenossen wie der Geist den Körpern, Herren aber setzen ihren Sklaven zu, wie der beste Teil der Seele, das heißt die Weisheit, dem schlechten und schwachen Teile dieser selben Seele, wie den Begierden, den Aufwallungen, wie den übrigen Leidenschaften.

Es gibt nämlich eine Art ungerechter Dienstbarkeit, wenn die in der Gewalt der anderen sind, die sich selber gehören können; wenn aber die dienen …

(Übersetzung: K. Büchner)

M 5 Auszug aus der Rede von Barack Obama (← EV) anlässlich der Verleihung des Friedensnobelpreises am 10. Dezember 2009 (s. Abb.)

(...) Vielleicht ist das größte Problem an meiner Auszeichnung mit diesem Preis die Tatsache, dass ich der Oberbefehlshaber der Streitkräfte eines Landes bin, das sich inmitten zweier Kriege befindet. Einer dieser Kriege geht langsam zu Ende. Bei dem anderen handelt es sich um einen Konflikt, den die Vereinigten Staaten nicht gesucht haben; einen Konflikt, in dem 42 Länder an unserer Seite stehen – darunter Norwegen –, um uns und alle anderen Länder vor weiteren Anschlägen zu schützen. Dennoch befinden wir uns im Krieg, und ich bin für die Entsendung Tausender junger Amerikaner verantwortlich, die in einem weit entfernten Land kämpfen müssen. Eine von ihnen werden töten, und einige von ihnen werden getötet werden. Daher bin ich heute mit einem unmittelbaren Gefühl dafür hier, was uns bewaffnete Konflikte kosten – angesichts all der schwierigen Fragen über das

Verhältnis zwischen Krieg und Frieden und unsere Bestrebungen, das eine mit dem anderen zu ersetzen. Nun sind diese Fragen nicht neu. Krieg trat in der einen oder anderen Form mit dem ersten Menschen in Erscheinung. Zu Anbeginn der Geschichte fragte sich niemand, ob Krieg moralisch vertretbar sei; er war einfach eine Gegebenheit wie Dürren oder Krankheiten – das Mittel, mit dem Stämme und später Kulturen nach Macht strebten und ihre Differenzen beilegten. Und im Laufe der Zeit versuchte man mit Gesetzen, die Gewalt innerhalb von Gruppen zu kontrollieren. Ebenso versuchten Philosophen, Geistliche und Staatsmänner, die zerstörerische Kraft des Krieges einzuschränken. Das Konzept eines „gerechten Krieges" trat in Erscheinung; es legte nahe, dass ein Krieg nur gerechtfertigt ist, wenn er bestimmte Bedingungen erfüllt: wenn er als letztes Mittel oder zur Selbstverteidigung geführt wird, wenn die Verwendung von Gewalt verhältnismäßig ist und wenn, wo möglich, Zivilisten von der Gewalt ausgenommen sind. Natürlich wissen wir, dass man sich während eines Großteils der Geschichte selten an dieses Konzept eines „gerechten Krieges" hielt. Das Vermögen des Menschen, neue Wege zu ersinnen, andere Menschen zu töten, erwies sich als unerschöpflich, ebenso wie unsere Fähigkeit, diejenigen von unserem Mitleid auszunehmen, die anders aussahen oder zu einem anderen Gott beteten als wir. Kriege zwischen Armeen wurden verdrängt von Kriegen zwischen Nationen – totale Kriege, bei denen die Grenze zwischen Kombattanten und Zivilisten verschwamm. In nur 30 Jahren überschwemmte ein solches Blutbad diesen Kontinent zweimal. Und obwohl es schwer ist, sich eine gerechtere Sache als den Sieg über das Dritte Reich und die Achsenmächte vorzustellen, war der Zweite Weltkrieg ein Konflikt, in dem die Gesamtzahl der getöteten Zivilisten die Zahl der gefallenen Soldaten überstieg. (...) Ich kann Ihnen heute keine endgültige Lösung für die Probleme des Krieges vorlegen. Aber ich weiß, dass wir denselben Weitblick, dieselbe harte Arbeit und dieselbe Ausdauer benötigen wie die Frauen und Männer, die vor Jahrzehnten so mutig gehandelt haben, wenn wir diese Herausforderungen bewältigen wollen. Und wir werden völlig neu über die Konzepte eines gerechten Krieges und die Gebote eines gerechten Friedens nachdenken müssen. Wir müssen damit beginnen, die schwere Wahrheit anzunehmen: Gewaltsame Konflikte werden wir zu unseren Lebzeiten nicht abschaffen können.

(aus: Barack Obama: Reden des Präsidenten I. Köln 2010, S. 168–170)

1. Vergleichen Sie **M 4** mit der in *De officiis* bzw. in der Rede Obamas (→ **M 5**) vorgetragenen Definition des gerechten Krieges. Interpretieren Sie dann das Ergebnis Ihres Vergleichs.
2. „Krieg ist für alle die schlechteste Lösung." (Papst Benedikt XVI.) Begründen Sie unter Zuhilfenahme des lateinischen Sprichwortes *Si vis pacem, para bellum*! – dessen Autor unbekannt ist, dessen Grundidee sich aber schon bei Platon (Gesetze 8) findet –, warum Obama, der im Übrigen die Meinung des Papstes teilt, anders als der Papst Krieg nicht strikt ablehnt.
3. „Make love, not war!" Diskutieren Sie, ob sich gemäß diesem – um 1967 im Zusammenhang der Hippie- und Antivietnamkriegsbewegung entstandenen – Slogan eine bessere Welt schaffen lässt.

Barack Obama am 10. Dezember 2009 in Stockholm

Exkurs: Von der Republik zum Gottesstaat und zurück

Was bisher weitestgehend kaschiert wurde, ließ sich im Abschnitt zum *bellum iustum* nicht mehr verbergen. Der Überlieferungszustand von *De re publica* ist für die Bücher I und II noch einigermaßen gut, ab Buch III aber sehr schlecht. Nur das *Somnium Scipionis* aus Buch VI wurde aufgrund seiner Nähe zu christlichem Gedankengut stets weiter überliefert. Der „Rest", d.h. eigentlich nahezu die gesamten anderen sechs Bücher wurden im Mittelalter nicht abgeschrieben, da die politischen Ausführungen Ciceros aus christlicher Sicht als überholt galten. Denn nicht mehr die heidnische Republik Ciceros, sondern der christliche Gottesstaat bildete ab Kaiser Konstantin dem Großen den Mittelpunkt politischen Denkens. Und so wurde nicht Ciceros *De re publica*, sondern *De civitate Dei*, der Neuentwurf des Hl. Augustinus (→ **i**), in den Klöstern abgeschrieben und überliefert. Darin äußert sich der Hl. Augustinus wie folgt.

W tollere, auferre, emere, fierī, cōnstāre ex + Abl., arbitrārī

G Genitivus partitivus, Fragesätze

+8 Iustitia porro ea virtus est, quae sua cuique distribuit. Quae igitur iustitia est hominis, quae ipsum hominem Deo vero tollit et immundis daemonibus subdit? Hocine est sua cuique distribuere? An qui fundum aufert eius, a quo emptus est, et tradit ei, qui nihil habet in eo iuris, iniustus est, at qui se ipsum aufert dominanti Deo, a quo factus est, et malignis servit spiritibus, iustus est? [...] Deo quidem ut serviatur, utile esse omnibus. Serviens autem Deo animus recte imperat corpori inque ipso animo ratio Deo Domino subdita recte imperat libidini vitiisque ceteris. Quapropter ubi homo Deo non servit, quid in eo putandum est esse iustitiae? Quandoquidem Deo non serviens nullo modo potest iuste animus corpori aut humana ratio vitiis imperare. Et si in homine tali non est ulla iustitia, procul dubio nec in hominum coetu, qui ex hominibus talibus constat. Non est hic ergo iuris ille consensus, qui hominum multitudinem populum facit, cuius res dicitur esse res publica. Nam de utilitate quid dicam, cuius etiam communione sociatus coetus hominum - sicut sese habet ista definitio - populus nuncupatur? Quamvis enim, si diligenter attendas, nec utilitas sit ulla viventium, qui vivunt impie. [...] Quod de iuris consensu diximus, satis esse arbitror, unde appareat per hanc definitionem non esse populum, cuius res publica esse dicatur, in quo iustitia non est.

distribuit ~ tribuit

immundus, a, um: unrein - **daemōn** onis m: böser Geist - **subdere**, -dō, -didī, -ditum: unterwerfen - **hocine** ~ hocne
fundus: Grundstück - **iniūstus**: W4
dominārī: W6 - **malignus**, a, um: böswillig - **ūtile esse** ~ ūtile est

quāpropter ~ quārē
quid ... iūstitiae Gen. part. - **Quandōquidem ... serviēns** ~ Nam sī ... servit

procul ~ sine - **coetus**: W2
nec <ūlla iūstitia est> **in** ...

cōnsēnsus: W2

ūtilitās: W2

commūniō, ōnis f ← commūnis, e
sociātus: verbunden
nuncupātur ~ nōminātur
Quamvīs enim: Denn wie auch immer es sich verhält

Dass wir trotzdem neben dem *Somnium Scipionis* relativ umfangreiche Teile von Ciceros *De re publica* kennen, verdankt sich einem Zufallsfund, der zugleich aufschlussreich für den Umgang mit antiken Schriften im Mittelalter ist. Als nämlich das Pergament knapp zu werden begann, fing man in den Skriptorien der Klöster an, alte Beschreibstoffe zu „recyclen". Am besten eigneten sich dafür alte Pergamentrollen, die man abschaben und somit wieder neu beschreibbar machen konnte. Auf einem solchen wieder beschriebenen Pergament (Palimpsest) – es handelt sich ironischerweise um einen Psalmenkommentar des Hl. Augustinus – entdeckte Angelo Mai (→ EV) im Jahr 1819 in der Vatikanischen Bibliothek große Teile des ersten und zweiten Buches, ferner Ausschnitte des dritten, vierten und fünften Buches von Ciceros *De re publica*, in die man vorhandene Fragmente und Zitate dem Kontext entsprechend einzuordnen versuchte. Im Nachhinein betrachtet war diese Wiederentdeckung Ciceros mehr als symbolträchtig für die gesamte Epoche: Denn so wie unter dem Hl. Augustinus Cicero wiederauftauchte, tauchten auch die Prinzipien der römischen Republik wieder aus der Versenkung auf, da viele europäische Staaten ihr politisches System neu in Anlehnung an diese ordneten. Am Ende dieses Prozesses hatten neue, vom antiken Rom inspirierte Verfassungen das christlich begründete Gottesgnadentum nahezu überall verdrängt.

1. Belegen Sie zunächst am Text, dass Augustinus sich auf Cicero bezieht. Erklären Sie danach, wie er dessen Staatsdefinition uminterpretierte und warum sich diese Uminterpretation gerade im Zusammenhang mit der Entdeckung Südamerikas verhängnisvoll auswirkte.
2. Recherchieren Sie mit Hilfe des Internets, wie man technisch bei der Wiederentdeckung der Texte von *De re publica* vorging.

i Aurelius Augustinus

Kirchenlehrer und Bischof von Hippo in Nordafrika (354–430); nach seinem Tod heilig gesprochen; verfasste mit seinen *Confessiones* gewissermaßen die erste Autobiographie der Literaturgeschichte; neben vielen anderen theologischen Werken verfasste er auch von 413–426 die Schrift *De civitate Dei*. Darin entwickelte Augustinus – als Antwort auf die Eroberung Roms durch den Westgotenkönig Alarich 410 – die Idee vom Gottesstaat (*civitas Dei, civitas caelestis*), der zum irdischen Staat (*civitas terrena*), also auch zum römischen Staat, in einem bleibenden Gegensatz stehe.

Eine Seite aus dem *De re publica*-Palimpsest

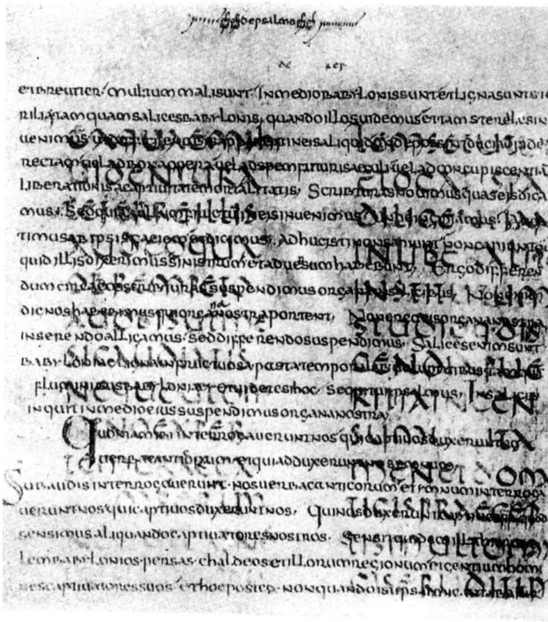

11 Buch IV: Staatsämter und Gesetze

In Buch IV von *De re publica* legt Cicero dar, wie Gerechtigkeit in Form von Gesetzen konkrete Gestalt annehmen kann. Obwohl dieses Buch in weiten Teilen verloren ist, kann diese Lücke durch einen Auszug aus dem zeitgleich entstandenen Werk *De legibus* (→ **i**, S. 33) behoben werden, wo Cicero ähnliche Gedanken vorgetragen haben dürfte.

W praeesse, intellegere, dēferre, posterī, opus est + Abl., continērī + Abl.

G Relativsätze, Vergleichssätze

+9 Marcus: „Videtis igitur magistratus hanc esse vim, ut praesit praescribatque recta et utilia et coniuncta cum legibus. Ut enim magistratibus leges, ita populo praesunt magistratus vereque dici potest magistratum esse legem loquentem, legem autem mutum magistratum. Nihil porro tam aptum est ad ius condicionemque naturae – quod quom dico, legem a me dici intellegi volo – quam imperium, sine quo nec domus ulla nec civitas nec gens nec hominum universum genus stare nec rerum natura omnis nec ipse mundus potest. Nam et hic deo paret et huic oboediunt maria terraeque et hominum vita iussis supremae legis obtemperat. Atque ut ad haec citeriora veniam et notiora nobis: Omnes antiquae gentes regibus quondam paruerunt. Quod genus imperii primum ad homines iustissimos et sapientissimos deferebatur – idque et in re publica nostra maxime valuit, quoad ei regalis potestas praefuit –, deinde etiam deinceps posteris prodebatur, quod et in iis, qui etiam nunc regnantur, manet. Quibus autem regia potestas non placuit, non ii nemini, sed non semper uni parere voluerunt. Nos autem, quoniam leges damus liberis populis, quaeque de optima re publica sentiremus, in sex libris ante diximus, accommodabimus hoc tempore leges ad illum, quem probamus, civitatis statum.

Magistratibus igitur opus est, sine quorum prudentia ac diligentia esse civitas non potest quorumque discriptione omnis rei publicae moderatio continetur. Neque solum iis praescribendus est imperandi, sed etiam civibus obtemperandi modus. Nam et, qui bene imperat, paruerit aliquando necesse est et, qui modeste paret, videtur, qui aliquando imperet, dignus esse. Itaque oportet et eum, qui paret, sperare se aliquo tempore imperaturum et illum, qui imperat, cogitare brevi tempore sibi esse parendum.

mūtus, a, um: stumm
quom ~ cum
obtemperāre: sich richten nach
citerior: näher liegend
sapiēns: W2
quoad (Subj.): solange (als) – **rēgālis**, e ~ rēgius, a, um – **deinceps** (Adv.): der Reihe nach – **prōdere** ~ trādere
rēgnāre ← rēgnum
quaeque ~ et ea, quae
accommodāre: anpassen
status: W1
discrīptiō, ōnis f *hier:* Aufgabenverteilung
moderātiō, ōnis f: (maßvolle) Leitung
obtemperāndī ~ pārendī
<ut> **paruerit ... aliquandō:** W4
imperātūrum <esse>

Nec vero solum, ut obtemperent oboediantque magistratibus, sed etiam, ut eos colant diligantque, praescribimus, ut Charondas in suis facit legibus, noster vero Platon Titanum e genere esse statuit eos, qui, ut illi caelestibus, sic hi adversentur magistratibus. Quae cum ita sint, ad ipsas iam leges veniamus, si placet!"

obtemperent ~ pāreant

Charōndās: EV - **Platō**: EV
Tītān, ānis m: EV
adversārī: sich widersetzen

1. Erklären Sie, worin sich das in *De legibus* und **M** vorgetragene Gesetzesverständnis unterscheidet.
2. Interpretieren Sie Absatz 3 nach formalen und inhaltlichen Kriterien (→ S. 53). Erörtern Sie dann die Frage, ob man die dortigen Ausführungen als Kritik an Cäsar auffassen konnte.
3. Listen Sie die aktuellen Bundesministerien in Deutschland auf und ordnen Sie diese den Ämtern der Ämterlaufbahn (→ **i**, S. 5) zu. Erklären Sie dann, worin sich ein heutiger Beamter von einem römischen Magistrat unterscheidet.
4. Begründen Sie unter Einbezug der Karikatur, warum sich aus Ciceros Überlegungen zum Verhältnis von Gehorchen und Herrschen (keine) Prinzipien für das heutige Handeln in Politik und Wirtschaft ableiten lassen.

Baaske Cartoons / Mester

M Cicero, *De rep.* 3,18

Quaero autem, si iusti hominis et si boni est viri parere legibus, quibus? An quaecumque erunt? At nec inconstantiam virtus recipit nec varietatem natura patitur legesque poena, non iustitia nostra comprobantur. Nihil habet igitur naturale ius. Ex quo illud efficitur, ne iustos quidem esse natura. An vero in legibus varietatem esse dicunt, natura autem viros bonos eam iustitiam sequi, quae sit, non eam, quae putetur?

Ich frage aber, wenn es Pflicht eines gerechten Mannes, und wenn es Pflicht eines guten Mannes ist, den Gesetzen zu gehorchen: Welchen? Etwa allen, wie sie auch immer sind? Aber Vollkommenheit verträgt keine Widersprüchlichkeit und die Natur duldet keine Verschiedenheit und die Gesetze werden durch Strafe, nicht durch unsere Gerechtigkeit gutgeheißen; nichts hat also das Recht von Natur; woraus jenes folgt, dass es auch nicht Gerechte von Natur gibt. Oder sagen sie etwa, dass in den Gesetzen Verschiedenheit herrsche, dass von Natur aber gute Männer der Gerechtigkeit folgten, die wirklich sei, nicht der, die man dafür hielte?
(Übersetzung: K. Büchner)

12 Buch V: *Qualis rex, talis grex*

Neben den geschriebenen gibt es auch ungeschriebene Gesetze. Ein solches ist für Cicero, dass sich die führenden Bürger eines Staates ihrer Vorbildfunktion bewusst sein müssen. Darüber scheint er im Rahmen seiner Ausführungen zum besten Staatsmann in Buch V von *De re publica* geschrieben zu haben, wie ein weiterer Auszug aus *De legibus* zeigt.

W cupiditās, ātis f
vitium
libīdō, inis f
malum
mōrēs, um m Pl.
honōr, ōris m

G Satzanalyse (→ S.52)
AcI

Marcus: „,Ceteris specimen esto!'" Quod si tenemus, tenemus omnia. Ut enim cupiditatibus principum et vitiis infici solet tota civitas, sic emendari et corrigi continentia. Vir magnus et nobis omnibus amicus, L. Lucullus, ferebatur, quasi commodissime respondisset, cum esset obiecta magnificentia villae Tusculanae, duo se habere vicinos, superiorem equitem Romanum, inferiorem libertinum: Quorum cum essent magnificae villae, concedi sibi oportere, quod iis, qui inferioris ordinis essent, liceret. Non vides, Luculle, a te id ipsum natum, ut illi cuperent, quibus id, si tu non faceres, non liceret?

Quis enim ferret istos, cum videret eorum villas signis et tabulis refertas, partim publicis, partim etiam sacris et religiosis? Quis non frangeret eorum libidines, nisi illi ipsi, qui eas frangere deberent, cupiditatibus eisdem tenerentur? Nec enim tantum mali est peccare principes - quamquam est magnum hoc per se ipsum malum -, quantum illud, quod permulti imitatores principum exsistunt. Nam licet videre, si velis replicare memoriam temporum, qualescumque summi civitatis viri fuerint, talem civitatem fuisse. Quaecumque mutatio morum in principibus exstiterit, eandem in populo secutam.

Idque haud paulo est verius, quam quod Platoni nostro placet. Qui musicorum cantibus ait mutatis mutari civitatum status. Ego autem nobilium vita victuque mutato mores mutari civitatum puto. Quo perniciosius de re publica merentur vitiosi principes, quod non solum vitia concipiunt ipsi, sed ea infundunt in civitatem. Neque solum obsunt, quod ipsi corrumpuntur, sed etiam, quod corrumpunt, plusque exemplo quam peccato nocent. Atque haec lex dilatata in ordinem cunctum coangustari etiam potest.

specimen, inis n: Vorbild
īnficere *hier:* anstecken
ēmendāre: verbessern
Lūcullus: EV - **ferēbātur** *hier:* er wurde gerühmt - **commodus**, a, um *hier:* passend - **magnificentia:** Pracht
Tusculānus, a, um: in Tusculum
īnferior ↔ superior
magnificus, a, um: prächtig
<dīxit> **concēdī oportēre** <id>, **quod ...**
nātum <esse> *hier:* in die Welt gesetzt worden ist
refertus, a, um (+ Abl.): vollgestopft mit - **religiōsus**, a, um ← religiō
tantum malī ~ tantum malum
illud *hier:* jener Umstand
permultī ~ plērīque - **imitātor**, ōris m ← imitārī - **exsistere**: W5
replicāre memoriam temporum: die Geschichtsbücher aufrollen
mutātiō: W4
secūtam <esse vidēre licet>
haud paulō ~ multō - **Platō**: EV
mūsicus: Musiker - **cantus**, ūs: Lied
status: W1
quō (+ Kom.): um so
perniciōsus: W3 - **merērī dē** (+ Abl.): W5 - **vitiōsus**, a, um ← vitium
concipere *hier:* auf sich laden
obesse: schaden
peccātum ← peccāre
dīlātātus, a, um: ausgedehnt
coangustāre: einschränken

Pauci enim atque admodum pauci honore et gloria amplificati vel corrumpere mores civitatis vel corrigere possunt. Sed haec et nunc satis et in illis libris tractata sunt diligentius. Quare ad reliqua veniamus!

admodum (Adv.): äußerst
amplificāre *hier:* erhöhen
tractāre: behandeln

1. Gestalten Sie anhand der Schlüsselwörter des Textes ein Schaubild, das dessen Aussageabsicht wiedergibt.
2. Interpretieren Sie **M** nach formalen und inhaltlichen Kriterien (→ S. 53). Zeigen Sie dabei auf, dass Politik und Philosophie für Cicero zusammen gehören.
3. *Verba docent, exempla trahunt.* Betrachten Sie die Karikatur und erläutern Sie die Bedeutung dieses Sprichworts für politisches Handeln.

Baaske Cartoons / Mester

M Cicero, *De re publica:* Fragmente des dritten Buches (3,33)

Est quidem vera lex recta ratio, naturae congruens, diffusa in omnes, constans sempiterna, quae vocet ad officium iubendo, vetando a fraude deterreat, quae tamen neque probos frustra iubet aut vetat, nec improbos iubendo aut vetando movet. Huic legi nec obrogari fas est neque derogari aliquid ex hac licet neque tota abrogari potest ... nec erit alia lex Romae, alia Athenis, alia nunc, alia posthac, sed et omnes gentes et omni tempore una lex et sempiterna et immutabilis continebit unusque erit communis quasi magister et imperator omnium deus: ille legis huius inventor, disceptator, lator. Cui qui non parebit, ipse se fugiet ac naturam hominis aspernatus hoc ipso luet maximas poenas, etiamsi cetera supplicia, quae putantur, effugerit.

Es ist aber das wahre Gesetz die richtige Vernunft, die mit der Natur im Einklang steht, sich in alle ergießt, in sich konsequent, ewig ist, die durch Befehle zur Pflicht ruft, durch Verbieten von Täuschung abschreckt, die indessen den Rechtschaffenen nicht vergebens befiehlt oder verbietet, Ruchlose aber durch Geheiß und Verbot nicht bewegt. Diesem Gesetz etwas von seiner Gültigkeit zu nehmen, ist Frevel, ihm irgend etwas abzudingen, unmöglich, und es kann ebenso wenig als Ganzes außer Kraft gesetzt werden noch wird in Rom ein anderes Gesetz sein, ein anderes in Athen, ein anderes jetzt, ein anderes später, sondern alle Völker und zu aller Zeit wird ein einziges, ewiges und unveränderliches Gesetz beherrschen und einer wird der gemeinsame Meister gleichsam und Herrscher aller sein: Gott! Er ist der Erfinder dieses Gesetzes, sein Schiedsrichter, sein Antragsteller, wer ihm nicht gehorcht, wird sich selber fliehen und das Wesen des Menschen verleugnend wird er gerade dadurch die schwersten Strafen büßen, auch wenn er den übrigen Strafen, die man dafür hält, entgeht. (Übersetzung: K. Büchner)

i *De legibus*

Cicero arbeitet seit 52 v. Chr. neben *De re publica* auch an *De legibus*. Indem er den Dialog im Sommer 52 v. Chr. spielen lässt, kann er anders als in *De re publica* aktuelle Probleme direkt ansprechen. Gegenstand der Gespräche mit seinem Bruder Quintus und seinem bestem Freund Atticus ist die Bedeutung der Einhaltung der Gesetze für den Bestand des Staates.

13 Buch V: *O tempora, o mores!*

Dieser Ausruf Ciceros in seiner ersten Rede gegen Catilina (63 v. Chr.) entsprang der Entrüstung über den moralischen Verfall einiger *principes*. Wenige Jahre später war aus der Entrüstung Enttäuschung geworden: Enttäuschung darüber, dass der Staat sein Fundament – mit gutem Charakter ausgestattete Männer – verloren hatte. Deshalb stellte Cicero resigniert im fünften Buch von *De re publica* Folgendes fest (bei Augustinus zitiert).

W lātus, a, um; vāstus, a, um; vetus, veteris; ēgregius, a, um; parcus, a, um; saevus, a, um

G Subjunktion ut / ubi; Satzanalyse (→ S. 52)

11 „Moribus antiquis res stat Romana virisque.“
Quem quidem ille versum vel brevitate vel veritate tamquam ex oraculo quodam mihi esse effatus videtur.
Nam neque viri, nisi ita morata civitas fuisset, neque mores, nisi hi viri praefuissent, aut fundare aut tam diu tenere potuissent tantam et tam vaste lateque imperantem rem publicam. Itaque ante nostram memoriam et mos ipse patrius praestantes viros adhibebat et veterem morem ac maiorum instituta retinebant excellentes viri.
Nostra vero aetas cum rem publicam sicut picturam accepisset egregiam, sed evanescentem vetustate, non modo eam coloribus isdem, quibus fuerat, renovare neglexit, sed ne id quidem curavit, ut formam saltem eius et extrema tamquam lineamenta servaret. Quid enim manet ex antiquis moribus, quibus ille dixit rem stare Romanam, quos ita oblivione obsoletos videmus, ut non modo non colantur, sed iam ignorentur? Nam de viris quid dicam? Mores enim ipsi interierunt virorum penuria, cuius tanti mali non modo reddenda ratio nobis, sed etiam tamquam reis capitis quodam modo dicenda causa est. Nostris enim vitiis, non casu aliquo, rem publicam verbo retinemus, re ipsa vero iam pridem amisimus.

ille ~ Ennius: EV
effari, effor, effātus sum: aussprechen
mōrātus: gesittet
fundāre: gründen
praestāns: W2 – **adhibēre**: W4
īnstitūtum: Einrichtung
pictūra: Gemälde
ēvānēscēns, entis: verblassend
vetustās, ātis f ← vetus – **renovāre:** erneuern – **saltem** (Adv.): wenigstens
extrēmum ... līneāmentum: Umriss
oblīviōne obsolētus: in Vergessenheit geraten
pēnūria ~ inopia
reus capitis: ein auf Tod und Leben Angeklagter
verbō ... rē ipsā: in der Theorie ... in der Praxis

+12 **Sallust, *Catilina* 9-10**

Igitur domi militiaeque boni mores colebantur. Concordia maxuma, minuma avaritia erat. Ius bonumque apud eos non legibus magis quam natura valebat. Iurgia, discordias, simultates cum hostibus exercebant, cives cum civibus de virtute certabant. In suppliciis deorum magnifici, domi parci, in amicos fideles erant. Duabus his artibus – audacia in bello, ubi pax evenerat, aequitate – seque remque publicam curabant. Quarum rerum ego maxuma documenta haec habeo,

domī mīlitiaeque: im Frieden und im Krieg
iurgium: Streit – **discordia** ↔ concordia – **simultās**, ātis f: Feindschaft
supplicium *hier:* Opfer – **magnificus**, a, um: prächtig
aequitās, ātis f ← aequus, a, um
documentum: Beweis

quod in bello saepius vindicatum est in eos, qui contra imperium in hostem pugnaverant quique tardius revocati proelio excesserant, quam, qui signa relinquere aut pulsi loco cedere ausi erant. In pace vero, quod beneficiis magis quam metu imperium agitabant et accepta iniuria ignoscere quam persequi malebant.
Sed ubi labore atque iustitia res publica crevit, reges magni bello domiti, nationes ferae et populi ingentes vi subacti, Carthago, aemula imperi Romani, ab stirpe interiit, cuncta maria terraeque patebant, saevire fortuna ac miscere omnia coepit. Qui labores, pericula, dubias atque asperas res facile toleraverant, iis otium divitiaeque, optanda alias, oneri miseriaeque fuere. Igitur primo imperii, deinde pecuniae cupido crevit: Ea quasi materies omnium malorum fuere. Namque avaritia fidem, probitatem ceterasque artes bonas subvortit. Pro his superbiam, crudelitatem, deos neglegere, omnia venalia habere edocuit. Ambitio multos mortales falsos fieri subegit, aliud clausum in pectore, aliud in lingua promptum habere, amicitias inimicitiasque non ex re, sed ex commodo aestumare magisque voltum quam ingenium bonum habere. Haec primo paulatim crescere, interdum vindicari. Post, ubi contagio quasi pestilentia invasit, civitas immutata, imperium ex iustissumo atque optumo crudele intolerandumque factum.

saepius: Komp. zu saepe
tardus, a, um: langsam
agitāre *hier*: ausüben
domāre, domō, domuī, domitum: bezwingen - **domitī** <sunt>
subāctī <sunt> - **aemula:** Rivalin
ab stirpe: mit Stumpf und Stiel
interīre: W11 - **saevīre** ← saevus
dīvitiae: W6
fuēre ~ fuērunt - **cupīdō** ~ cupiditās
māteriēs, eī f: Brennstoff
probitās, ātis f ← probus, a, um
subvortere: zerstören - **vēnālis**, e: käuflich - <avāritia> **ēdocuit** ~ docuit - **ambitiō**, ōnis f *hier*: Ehrgeiz
prōmptus, a, um *hier*: offen
inimīcitia ← inimīcus, a, um
voltum ~ vultum
crēscere ~ crēvērunt - **vindicārī** ~ vindicāta sunt - **contāgiō**, ōnis f: Ansteckung - **pestilentia:** Seuche
immutāta ~ mutāta<est> - **intolerandus**, a, um: unerträglich - **factum** <est>

1. Interpretieren Sie Text 11 nach formalen und inhaltlichen Kriterien (→ S. 53).
2. Diskutieren Sie, ob Cicero der in Text 12 von Sallust (→ i) vorgetragenen Interpretation zugestimmt hätte.
3. Vergleichen Sie den literarischen Stil Sallusts mit demjenigen Ciceros.
4. Erklären Sie, warum man das Ennius-Zitat (11, Z. 1) als Motto der ersten Bücher des Geschichtswerks des Livius (→ EV) betrachten kann.

Röm. Münze (4. Jh. n. Chr.): C. Sallustius Crispus

i Sallust

Röm. Geschichtsschreiber (86–34 v. Chr.); nachdem seine politische Laufbahn trotz Unterstützung Cäsars scheiterte, verfasste er in Anlehnung an Thukydides die Geschichtswerke *Catilina*, *Iugurtha* und die „Historien" (fast vollständig verloren). In allen Werken deutete er die Entwicklung Roms nach sittlichen Prinzipien und entwarf eine Theorie des unabwendbaren Verfalls des röm. Staats durch den Verlust der alten Sitten.

14 Buch VI: Einsatz für den Staat

Der Staat (be)steht und fällt mit der Moral seiner führenden Männer. Diese in Buch V geäußerte Überzeugung dürfte in einen Appell zum Einsatz für den Staat in Buch VI gemündet sein. Der Anfang dieses Buches ist zwar weitestgehend verloren, doch dürfte sein Inhalt nahe bei dem liegen, was Cicero in der Rede *Pro Sestio* (56 v. Chr.) und später in *De officiis* (44 v. Chr. → i) über den lohnenden Einsatz der *principes* für den Staat vorbrachte.

W quī (quae, quod)cumque, fatērī, prōpōnere, dēdere, attingere, patī

G dopp. Akk. / Nom., präd. Gerundiv

+13 Haec qui pro virili parte defendunt, optimates sunt, cuiuscumque sunt ordinis. Qui autem praecipue suis cervicibus tanta munia atque rem publicam sustinent, hi semper habiti sunt optimatium principes, auctores et conservatores civitatis. Huic hominum generi fateor, ut ante dixi, multos adversarios, inimicos, invidos esse, multa proponi pericula, multas inferri iniurias, magnos esse experiundos et subeundos labores. Sed mihi omnis oratio est cum virtute, non cum desidia, cum dignitate, non cum voluptate, cum iis, qui se patriae, qui suis civibus, qui laudi, qui gloriae, non qui somno et conviviis et delectationi natos arbitrantur. Nam si qui voluptatibus ducuntur et se vitiorum illecebris et cupiditatium lenociniis dediderunt, missos faciant honores, ne attingant rem publicam, patiantur virorum fortium labore se otio suo perfrui! Qui autem bonam famam bonorum, quae sola vere gloria nominari potest, expetunt, aliis otium quaerere debent et voluptates, non sibi. Sudandum est iis pro communibus commodis, adeundae inimicitiae, subeundae saepe pro re publica tempestates. Cum multis audacibus, improbis, nonnumquam etiam potentibus dimicandum. Haec audivimus de clarissimorum virorum consiliis et factis, haec accepimus, haec legimus. Neque eos in laude positos videmus, qui incitarunt aliquando populi animos ad seditionem, aut, qui largitione caecarunt mentes imperitorum, aut, qui fortes et claros viros et bene de re publica meritos in invidiam aliquam vocaverunt. Leves hos semper nostri homines et audaces et malos et perniciosos cives putaverunt. At vero, qui horum impetus et conatus represserunt, qui auctoritate, qui fide, qui constantia, qui magnitudine animi consiliis audacium restiterunt, hi graves, hi principes, hi duces, hi auctores huius dignitatis atque imperii semper habiti sunt.

Haec n Pl.: (d.h. die Grundsätze der römischen Verfassung) – **prō virīlī parte:** nach Kräften – **optimātēs:** W2 **esse** (+ Gen.) *hier:* zu etw. gehören – **praecipuē** (Adv.): besonders **cervīx**, īcis f: Nacken – **mūnia**, ium n Pl: Amtspflichten – **cōnservātor**, ōris m ← cōnservāre – **invidus** ← invidia

experīrī *hier:* durchmachen

dēsidia: Untätigkeit

dēlectātiō, ōnis f ← dēlectāre
nātōs <esse> – **illecebra:** Verlockung
lēnōcinium: Verführung
cupiditātium ~ cupiditātum
missum facere: aufgeben
perfruī ~ fruī: W6

sūdāre: schwitzen

inimīcitia ← inimīcus, a, um

audāx: W5

dīmicandum <est>

in laude pōnī: Anerkennung finden
positōs <esse> – **incitārunt** ~ incitāvērunt – **aliquandō**: W4
sēditiō, ōnis f: Aufruhr – **largītiō**, ōnis f: Bestechung – **caecāre:** blenden – **caecārunt** ~ caecāvērunt
imperītus: W1 – **merērī**: W5 – **in invidiam vocāre**: verhasst machen
perniciōsus: W3
cōnātus, ūs ← cōnārī
repressērunt ~ oppressērunt

1. Erarbeiten Sie aus dem Text einen Katalog von Do's and Dont's (*agenda et omittenda*), an dem sich die *principes* orientieren müssen.
2. Vergleichen Sie den Inhalt von Z. 15–31 mit **M 1** und interpretieren Sie Ihr Ergebnis.
3. Zeigen Sie anhand des Stils auf, warum es sich beim Text um einen Auszug aus einer Rede, bei **M 1** aber um einen Auszug aus einem philosophischen Werk handelt.
4. Erklären Sie, warum **M 2** in der Tradition Ciceros steht.
5. Auf dem Schreibtisch von John F. Kennedy (→ **M 2**) befand sich eine Statuette des in **M 1** von Cicero als Beispiel angeführten Herkules. Erläutern Sie auch unter Einbezug der Geschichte von Herkules am Scheideweg (zwischen *virtus* und *voluptas*), warum Herkules vielen Politikern (→ Abb.) als vorbildlich erschien.

Herkules-Statue an einem Tor zur Wiener Hofburg

+M 1 Cicero, *De officiis* 3,25

Itemque magis est secundum naturam, pro omnibus gentibus, si fieri possit, conservandis aut iuvandis maximos labores molestiasque suscipere imitantem Herculem illum, quem hominum fama beneficiorum memor in concilio caelestium conlocavit, quam vivere in solitudine non modo sine ullis molestiis, sed etiam in maximis voluptatibus abundantem omnibus copiis, ut excellas etiam pulchritudine et viribus. Quocirca optimo quisque et splendidissimo ingenio longe illam vitam huic anteponit. Ex quo efficitur hominem naturae oboedientem homini nocere non posse.

Und ebenso ist es mehr gemäß der Natur, für die Bewahrung und Unterstützung aller Völker, wenn das geschehen / gemacht werden kann, die größten Strapazen und Lasten auf sich zu nehmen und nachzuahmen jenen Herkules, den das Gerede der Menschen, das Wohltaten nicht vergisst, in der Versammlung der Götter aufgestellt hat, als zu leben in Einsamkeit, nicht nur ohne irgendwelche Lasten, sondern auch in den größten Vergnügungen Überfluss habend an allen Möglichkeiten, so dass man auch noch herausragt an Schönheit und Kräften. Deshalb ziehen gerade die am besten und glänzendsten Begabten (jeder mit der besten und gl. Begabung) bei weitem jenes Leben diesem vor. Daraus folgt, dass ein Mensch, der der Natur gehorcht, einem anderen Menschen nicht schaden kann.
(Übersetzung: C. Zitzl)

M 2 John F. Kennedy (35. Präsident der USA, 1961–1963)

„Frage nicht, was dein Land für dich tun kann, sondern was du für dein Land tun kannst!"

i *De officiis*

Von Oktober bis Dezember 44 v. Chr. als philosophisches Vermächtnis für Ciceros Sohn nicht als Dialog, sondern als Belehrung verfasst. Buch I behandelt das Ehrenhafte (*honestum*), Buch II das Nützliche (*utile*), Buch III den scheinbaren Widerspruch zwischen *honestum* und *utile*.

15 Buch VI: Scipios Traum (1)

Im Gegensatz zum Anfang des sechsten Buches ist dessen Schluss – als einziger Teil von *De re publica* – vollständig erhalten. Dort lässt Cicero Scipio Aemilianus von einem Besuch bei König Masinissa von Numidien im Jahr 148 v. Chr. erzählen, bei dem sich die beiden bis tief in die Nacht hinein über Scipio Africanus unterhielten. Als Scipio danach in einen tiefen Schlaf fiel, zeigte sich ihm im Traum sein Großvater in der Gestalt, die er von dessen im Atrium seines Hauses aufgestellten Ahnenbild (→ M) kannte. Was dann geschah, lässt Cicero Scipio folgendermaßen schildern.

W cōgere, cōnficere, vehī, oportet, intuērī, nītī (+ Abl.)

G Futur I / II, Prädikativum

14 „Quem ubi agnovi, equidem cohorrui. ‚Ades', inquit, ‚animo et omitte timorem, Scipio, et, quae dicam, trade memoriae! Videsne illam urbem, quae parere populo Romano coacta per me renovat pristina bella nec potest quiescere?' Ostendebat autem Carthaginem de excelso et pleno stellarum, illustri et claro quodam loco. ‚Ad quam tu oppugnandam nunc venis paene miles. Hanc hoc biennio consul evertes eritque cognomen id tibi per te partum, quod habes adhuc a nobis hereditarium. Cum autem Carthaginem deleveris, triumphum egeris censorque fueris et obieris legatus Aegyptum, Syriam, Asiam, Graeciam, deligere iterum consul absens bellumque maximum conficies, Numantiam exscindes. Sed cum eris curru in Capitolium invectus, offendes rem publicam consiliis perturbatam nepotis mei. Hic tu, Africane, ostendas oportebit patriae lumen animi, ingenii consiliique tui. Sed eius temporis ancipitem video quasi fatorum viam. Nam cum aetas tua septenos octiens solis anfractus reditusque converterit duoque hi numeri, quorum uterque plenus – alter altera de causa – habetur, circuitu naturali summam tibi fatalem confecerint, in te unum atque in tuum nomen se tota convertet civitas. Te senatus, te omnes boni, te socii, te Latini intuebuntur. Tu eris unus, in quo nitatur civitatis salus, ac, ne multa, dictator rem publicam constituas oportet, si impias propinquorum manus effugeris.'"

agnōvī ~ cognōvī – **cohorrēscere**, -horrēscī, -horruī: heftig erschrecken
animō adesse *hier*: ruhig sein

renovāre: erneuern

illūstris: W6

hōc bienniō: in zwei Jahren

cognōmen, inis n: Ehrenname (gemeint ist der Beiname Africanus)
hērēditārius, a, um: ererbt – **cēnsor**, ōris m: Zensor (→ SR) – **obīre**, -eō, -iī *hier*: bereisen – **dēligēre** ~ dēligēris

Numantia: EV – **exscindēs** ~ ēvertēs

Capitolium: EV – **invectus** ~ vectus

offendere *hier*: vorfinden – **nepōtis**: gemeint ist T. Gracchus (EV)
oportēbit, <ut> **ostendās** – **lūmen**, inis n: Licht – **anceps**, ancipitis: doppelt – **fātōrum** ~ fātī – **aetās tua septēnōs octiēns sōlis ānfrāctūs reditūs converterit:** du hast 56 Jahre gelebt – **circuitū nātūrālī:** in natürlichem Umlauf – **summa**: W2

Latīnī, ōrum: die Latiner (EV)

nē multa <dīcam> – **dictātor**, ōris m: Diktator (→ SR) – **oportet**, <ut> **cōnstituās**

M Ahnenkult und *imagines maiorum* (Polybius 6,53 f.)

Nachdem sie ihn begraben haben und für ihn die vorgeschriebenen Riten durchgeführt haben, stellen sie das Abbild des Verstorbenen an einem herausragenden Ort des Hauses auf, und zwar in einem hölzernen Schrein. Das Bild ist eine Maske, die mit höchster Ähnlichkeit die Gesichtsbildung und -züge wiedergibt. Alle diese Bilder (= Masken) holen sie bei den öffentlichen Festen hervor und schmücken sie mit größter Pracht, und wenn ein angesehenes Familienmitglied stirbt, führen sie sie im Leichenzug mit und setzen sie Personen auf, die mit dem Verstorbenen die größte Ähnlichkeit in Größe und Gestalt besitzen. Diese tragen dann, wenn der Betreffende Konsul oder Prätor gewesen ist, Kleider mit Purpursaum, wenn Zensor, ganz aus Purpur, wenn er aber einen Triumph gefeiert und dementsprechende Taten getan hat, mit Gold bestickte. Sie fahren auf Wagen, denen *fasces* (Rutenbündel) und Beile und die anderen Abzeichen des Amtes vorangetragen werden, je nach Würde und Rang, den ein jeder zu Lebzeiten bekleidet hat, und wenn sie an den Rostren (Rednerbühnen) angekommen sind, nehmen sie alle in einer Reihe auf elfenbeinernen Stühlen Platz. (...) Hat nun der Redner über den, den sie bestatten wollen, gesprochen, geht er zu den anderen über, deren Bilder versammelt sind, und berichtet, mit dem Ältesten beginnend, von den Erfolgen und Taten eines jeden.
(Übersetzung: I. König, Vita Romana, S.104)

Röm. Statue: Ein Römer hält die *imagines* seiner Vorfahren.

1. Übersetzen Sie *aetas tua ... converterit* (Z. 17f.) mit Hilfe eines Wörterbuches wörtlich und versuchen Sie zu erklären, warum Cicero hier zu dieser Formulierung greift.
2. Recherchieren Sie vor der Übersetzung des Textes zu Scipio Aemilianus und Tiberius Gracchus und erstellen Sie für beide einen tabellarischen Lebenslauf. Nutzen Sie danach die von Ihnen erstellten Lebensläufe als Übersetzungs- und Interpretationshilfe.
3. Erklären Sie anhand von Absatz 1, was man unter einem *vaticinium ex eventu* versteht.
4. Lesen Sie nochmals S. 8–9. Zeigen Sie dann anhand inhaltlicher und formaler Kriterien an Absatz 2 auf, dass es sich bei den dort vorgetragenen Gedanken eher um Ciceros eigenen Traum als um einen wirklichen Traum Scipios handelt.
5. Lesen Sie M und erläutern Sie die politische Bedeutung der Ahnenbilder der Führungsschicht Roms.

16 Buch VI: Scipios Traum (2)

Cicero berichtet, dass wegen der schlimmen Prophezeiungen des Scipio Africanus die Freunde Scipios tief aufseufzten. Dieser aber habe lächelnd gesagt, sie sollten ihn nicht aus dem Schlaf wecken und die übrigen Worte seines Großvaters anhören.

W fruī + Abl. · proficīscī · revertī · hinc – hīc – hūc · morārī · tuērī

G Deponentien · Gerundiv

15 „ ‚Sed quo sis, Africane, alacrior ad tutandam rem publicam, sic habeto: Omnibus, qui patriam conservaverint, adiuverint, auxerint, certum esse in caelo definitum locum, ubi beati aevo sempiterno fruantur. Nihil est enim illi principi deo, qui omnem mundum regit, quod quidem in terris fiat, acceptius quam concilia coetusque hominum iure sociati, quae ‚civitates' appellantur. Harum rectores et conservatores hinc profecti huc revertuntur.' Hic ego, etsi eram perterritus non tam mortis metu quam insidiarum a meis, quaesivi tamen, viveretne ipse et Paulus pater et alii, quos nos exstinctos arbitraremur. ‚Immo vero', inquit, ‚hi vivunt, qui e corporum vinculis tamquam e carcere evolaverunt. Vestra vero quae dicitur vita, mors est. Quin tu aspicis ad te venientem Paulum patrem?' Quem ut vidi, equidem vim lacrimarum profudi, ille autem me complexus atque osculans flere prohibebat. Atque ut ego primum fletu represso loqui posse coepi, ‚Quaeso', inquam, ‚pater sanctissime atque optime, quoniam haec est vita, ut Africanum audio dicere, quid moror in terris? Quin huc ad vos venire propero?' ‚Non est ita,' inquit ille. ‚Nisi enim deus is, cuius hoc templum est omne, quod conspicis, istis te corporis custodiis liberaverit, huc tibi aditus patere non potest. Homines enim sunt hac lege generati, qui tuerentur illum globum, quem in hoc templo medium vides, quae terra dicitur. Iisque animus datus est ex illis sempiternis ignibus, quae sidera et stellas vocatis, quae globosae et rotundae, divinis animatae mentibus, circulos suos orbesque conficiunt celeritate mirabili. Quare et tibi, Publi, et piis omnibus retinendus animus est in custodia corporis nec iniussu eius, a quo ille est vobis datus, ex hominum vita migrandum est, ne munus humanum assignatum a deo defugisse videamini.

alacer, cris, cre *hier:* freudig – **tūtārī:** beschützen – **habētō**: du sollst glauben

aevō sempiternō ~ vītā aeternā

Nihil, quod ... fiat, est ... acceptius

mundus: W9 – **acceptum**: willkommen – **coetus**: W2

sociātus: verbunden

rēctor, ōris m ← regere – **cōnservātor,** ōris m ← cōnservāre

nōn tam ... quam: W2

<Lucius Aemilius> **Paulus**: EV

ēvolāvērunt ← ē-volāre

profundere, -fundō, -fūdī: vergießen

ōsculārī: küssen

flētū repressō ~ lacrimīs repressīs

aditus, ūs: Zugang

generātus, a, um: geschaffen

globus: Ball

sempiternīs ~ aeternīs

stella: W14 – **globōsus**, a, um: kugelförmig – **rotundus**, a, um: rund

animātus, a, um: beseelt – **circulōs ... orbēsque:** Kreisbahnen – **mīrābilī** ~ mīrā – **Publī:** Vok. zu Publius (Vorname des Scipio) – **iniussū:** ohne Befehl

assīgnātus, a, um: zugewiesen

dēfūgisse ~ effūgisse

Sed sic, Scipio, ut avus hic tuus, ut ego, qui te genui, iustitiam cole et pietatem! Quae cum magna in parentibus et propinquis tum in patria maxima est. Ea vita via est in caelum et in hunc coetum eorum, qui iam vixerunt et corpore laxati illum incolunt locum, quem vides.' "

gignere: W2 - **iūstitia** ← iūstus, a,um
cum ... tum: W7
coetus: W2 - **laxātus**, a, um: befreit

M Unsterblichkeit

Da das Sterben der Übergang vom Leben zum Tode ist, meinte Platon auch den entgegengesetzten Übergang annehmen zu können, nämlich das Wiederaufleben der Seele, d.h. ihre Wiedergeburt als Eintritt in einen neuen (nicht in jedem Falle menschlichen) Leib. Wenn „Sterben" soviel heißt wie „Trennung der Seele vom Körper", dann muss die Wiedergeburt als Verbindung der Seele mit einem Körper aufgefasst werden. Platon verband die Vorstellung einer Seelenwanderung mit moralischen Gesichtspunkten von Lohn und Strafe: Das Schicksal der Seele nach der Trennung vom Leib im physischen Tod hängt von ihrem Verhalten in der vorangegangenen Daseinsform ab. Wer gegen die sittlichen Pflichten verstoßen hat, steigt bei der Wiedergeburt in der Ordnung der Lebewesen ab, wer ein sittlich einwandfreies Leben geführt hat, wird als höher stehendes Wesen wiedergeboren und kehrt im Idealfall in die Heimat der Seele, ins Reich der reinen Geister, zurück: Für seine Seele ist die Wanderung zu Ende. (...) Das Schicksal der Seele nach dem leiblichen Tod beschrieb er in einem Mythos, bei dem die Vorstellung eine zentrale Rolle spielt, dass die Seelen nach dem Tode in der Unterwelt nach ihrem Verdienst beurteilt werden.
(Wolfgang Röd, Kleine Geschichte der antiken Philosophie, S.147)

1. Finden Sie für jeden Absatz des Textes eine geeignete Überschrift.
2. Versuchen Sie, aus dem Text Grundpfeiler einer von der Oberschicht Roms vertretenen Theorie politischen Handelns zu entwickeln.
3. Zeigen Sie anhand von Z. 29–37 und **i** auf, wie Ciceros *Somnium Scipionis* die Darstellung des Äneas in Vergils Äneis beeinflusst haben könnte.
4. Lesen Sie **M** und erklären Sie, warum Platons idealistische Seelenlehre in stärkerem Maße als Epikurs materialistische Seelenlehre verantwortungsvolles politisches Handeln begründet.

Griech. Vasenmalerei (5. Jh. v. Chr.): Äneas rettet Anchises aus Troja.

i Äneas

Als Inbegriff von *virtus* und *pietas* folgt Äneas in Vergils Äneis dem Willen der Götter und legt schließlich die Grundlagen für die spätere Gründung Roms. Auf seinem Weg nach Italien lässt ihn Vergil in Buch VI der Äneis – ähnlich wie in der Odyssee Homer den Odysseus – in die Unterwelt hinabsteigen. Sein bereits verstorbener Vater Anchises, den er als *pius Aeneas* aus Troja gerettet hatte (s. Abb.), zeigt ihm dort die zukünftigen Helden Roms, die auf den Inseln der Glückseligen versammelt sind und auf ihren „Einsatz" warten.

17 Buch VI: Scipios Traum (3)

Cicero schließt ausführliche Ausführungen des Scipio Africanus über die Größe und Pracht des Himmels und der Sterne an. Im Vergleich dazu seien die Ausmaße der Erde und des irdischen Ruhmes bescheiden. Als Scipio beteuert, dass er deshalb noch engagierter nach seinem Platz im Himmel streben wolle, bestärkt ihn sein Großvater.

W quisque, quidque · quīdam, quaedam, quoddam · forās Adv. · quam + Superl. · violāre · solvere

G Imperativ II · Participium coniunctum

16 „Et ille: ‚Tu vero enitere et sic habeto non esse te mortalem, sed corpus hoc. Nec enim tu is es, quem forma ista declarat. Sed mens cuiusque is est quisque, non ea figura, quae digito demonstrari potest. Deum te igitur scito esse, si quidem est deus, qui viget, qui sentit, qui meminit, qui providet, qui tam regit et moderatur et movet id corpus, cui praepositus est, quam hunc mundum ille princeps deus! Et ut mundum ex quadam parte mortalem ipse deus aeternus, sic fragile corpus animus sempiternus movet. [...]
Hunc tu exerce optimis in rebus! Sunt autem optimae curae de salute patriae. Quibus agitatus et exercitatus animus velocius in hanc sedem et domum suam pervolabit. Idque ocius faciet, si iam tum, cum erit inclusus in corpore, eminebit foras et ea, quae extra erunt, contemplans quam maxime se a corpore abstrahet. Namque eorum animi, qui se corporis voluptatibus dediderunt earumque se quasi ministros praebuerunt impulsuque libidinum voluptatibus oboedientium deorum et hominum iura violaverunt, corporibus elapsi circum terram ipsam volutantur nec hunc in locum nisi multis exagitati saeculis revertuntur.‘ Ille discessit; ego somno solutus sum.“

ēnītere: strenge dich an – **habētō** (+ AcI): du sollst glauben, dass
dēclārāre *hier*: bezeichnen
vigēre: (lebens)kräftig sein
mundus: W9
deus aeternus <movet>
sempiternus ~ aeternus
Hunc <animum>
agitātus *hier*: angetrieben
exercitātus ← exercēre
pervolābit ~ volābit
ōcius ~ vēlōcius
ēminēre: herausragen
abstrahere *hier*: befreien
minister: W4
impulsus, ūs: Antrieb
ēlābī, ēlābor, ēlāpsus sum: entgleiten
volūtārī: sich wälzen
exagitāre *hier*: umhertreiben

+M 1 Sallust, *Catilina* 1; 3

Omnes homines, qui sese student praestare ceteris animalibus, summa ope niti decet, ne vitam silentio transeant veluti pecora, quae natura prona atque ventri oboedientia finxit. Sed nostra omnis vis in animo et corpore sita est: animi imperio, corporis servitio magis utimur; alterum nobis cum dis, alterum cum beluis commune est....Sed multi mortales, dediti ventri atque somno, indocti incultique vitam sicuti peregrinantes transiere. Quibus profecto contra naturam corpus voluptati, anima oneri fuit. Eorum ego vitam mortemque iuxta aestumo, quoniam de utroque siletur.

prōnus: nach vorn gebeugt – **fīnxit** ~ creāvit
bēluis ~ bēstiis
peregrīnārī: umherreisen
iuxtā (Adv.): gleich – **silētur** ~ tacētur

+M 2 Macrobius, Kommentar zum *Somnium Scipionis*

Sacras immortalium animarum sedes et caelestium arcana regionum in ipso consummati operis fastigio locavit indicans, quo his perveniendum vel potius revertendum sit, qui rem publicam cum prudentia, iustitia, fortitudine ac moderatione tractaverint.

Die heiligen Wohnstätten der unsterblichen Seelen und die Geheimnisse der himmlischen Gefilde hat er (= Cicero) gezielt als Höhepunkt an den Schluss des Werkes gestellt, um damit anzuzeigen, wohin die kommen oder eher zurückkehren müssen, die den Staat mit Einsicht, Gerechtigkeit, Tapferkeit und dem rechten Maß geleitet haben. (Übersetzung: C. Zitzl)

M 3 Martin Luther King (1929–1968)

Auszug aus seiner Rede vom 28. August 1963 in Washington D.C. vor dem Lincoln Memorial, an der mehr als 250.000 Menschen teilnahmen.

„I have a dream that one day this nation will rise up and live out the true meaning of its creed: 'We hold these truths to be self-evident: that all men are created equal.'

I have a dream that one day on the red hills of Georgia the sons of former slaves and the sons of former slave owners will be able to sit down together at a table of brotherhood.

I have a dream that one day even the state of Mississippi, a state sweltering with the heat of injustice and sweltering with the heat of oppression, will be transformed into an oasis of freedom and justice.

I have a dream that my four little children will one day live in a nation where they will not be judged by the color of their skin but by the content of their character.

I have a dream today."

(aus: Martin Luther King, Jr.: I Have a Dream. Writings & Speeches That Changed the World, edited by J. M. Washington. San Francisco 1992, S. 101f.)

1. Interpretieren Sie unter Einbezug von **M 1** Absatz 1 nach formalen und inhaltlichen Kriterien (→ S. 53) und weisen Sie stoisches und epikureisches Gedankengut darin nach.
2. Diskutieren Sie ausgehend von Absatz 2, ob *voluptas* und politisches Handeln wirklich miteinander unvereinbar sind.
3. Wiederholen Sie nochmals das gesamte *Somnium Scipionis* und erklären Sie unter Einbezug von **M 2**, warum es als einziger Teil von Ciceros *De re publica* im Mittelalter überliefert worden ist.
4. „Wer Visionen hat, sollte zum Arzt gehen." Verfassen Sie ausgehend von Ciceros *Somnium Scipionis* und **M 3** eine Entgegnung auf diese Äußerung des ehemaligen deutschen Bundeskanzlers Helmut Schmidt (*1918).
5. Diskutieren Sie, welche politischen Träume die Welt von heute braucht. Gehen Sie dabei anknüpfend an die Ermordung Martin Luther Kings und anderer politischer Visionäre auch auf die Frage ein, ob und wenn ja, warum politische Träume tödlich sein können.

Martin Luther King bei seiner Rede „I have a dream" am 28. August 1963 in Washington D. C.

18 Der Prinzipat – das neue politische System Roms

Als Cicero ca. 51. v. Chr. seinen Dialog *De re publica* der Öffentlichkeit präsentierte, um mit diesem Appell an das Ehrgefühl der *principes* einen letzten Versuch zur Rettung der Republik zu starten, war das rückblickend betrachtet nicht mehr als ein symbolischer Akt. Denn der Ausbruch des Bürgerkriegs zwischen Pompejus und Cäsar war nur noch eine Frage der Zeit, und mit dem Sieg Cäsars über Pompejus schwand auch die letzte Hoffnung auf eine Rückkehr zu den politischen Gepflogenheiten der Republik. Doch je mehr sich der politische Stil Cäsars dem eines Tyrannen anglich, desto mehr wuchs auch der Zorn auf ihn, bis er sich letztlich in seiner Ermordung an den Iden des März 44 v. Chr. entlud. Dass die Attentäter dabei den Namen Ciceros gerufen haben sollen, dürfte zwar nicht der Wahrheit entsprechen, aber doch gut erfunden sein, da ja alle Cäsarmörder Ciceros Idealen anhingen. Diese waren freilich schon lange vor den Iden des März unwiederbringlich verloren. So war es kein Wunder, dass die Beseitigung des Tyrannen keine Rückkehr zur alten Republik brachte, sondern nur eine weitere Runde in der langen Kette von Bürgerkriegen eröffnete. Die neuen Kontrahenten hießen alsbald Marcus Antonius und Octavian, ihr prominentestes Opfer wurde im Jahr 43 v. Chr. Cicero.

Doch trotz seiner Ermordung lebten Ciceros politische Ideen fort. Denn von Einsatz für den Staat, Treue zur Heimat Rom, Respekt vor dem *mos maiorum* und der Rückkehr zu den Tugenden, die Rom groß gemacht hatten, sprach auch Octavian, der spätere *princeps* Augustus. Dass dieser die politischen Gedanken Ciceros zumindest offiziell propagierte, zeigen die folgenden Auszüge aus seinem Tatenbericht (*Res gestae*), den er an der Fronstseite seines Mausoleums veröffentlichen ließ und der heute an der Außenseite des Museumbaus der *Ara Pacis* in Rom wieder zu lesen ist.

+ (1)[...] Res publica ne quid detrimenti caperet, me propraetore simul cum consulibus providere iussit. Populus autem eodem anno me consulem, cum consul uterque bello cecidisset, et triumvirum rei publicae constituendae creavit. (2) Qui parentem meum trucidaverunt, eos in exilium expuli iudiciis legitimis ultus eorum facinus, et postea bellum inferentes rei publicae vici bis acie. (3) Bella terra et mari civilia externaque toto in orbe terrarum saepe gessi, victorque omnibus veniam petentibus civibus peperci. Externas gentes, quibus tuto ignosci potuit, conservare quam excidere malui.[...] (13) Ianum Quirinum, quem clausum esse maiores nostri voluerunt, cum per totum imperium populi Romani terra marique esset parta victoriis pax, cum, priusquam nascerer, a condita urbe bis omnino clausum fuisse prodatur memoriae, ter me principe senatus claudendum esse censuit. [...]

(1) Auf dass der Staat keinen Schaden nehme, sollte ich als Proprätor zugleich mit den Konsuln Sorge tragen. Das Volk aber wählte mich im selben Jahr zum Konsul, nachdem beide Konsuln im Krieg gefallen waren, und zum Triumvirn für die Neuordnung des Staates. (2) Die meinen Vater ermordet haben, trieb ich in die Verbannung, und rächte durch gesetzmäßigen Richtspruch so ihre Untat. Und als sie darauf Krieg gegen den Staat begannen, besiegte ich sie zweifach in offener Feldschlacht. (3) Kriege zu Wasser und zu Lande, gegen innere und äußere Feinde, habe ich auf dem ganzen Erdkreis oft geführt und als Sieger alle römischen Bürger, die um Gnade baten, geschont. Auswärtige Völker, denen unbesorgt verziehen werden konnte, habe ich lieber erhalten als vernichten wollen. (...)

(13) Den Tempel des Janus Quirinus, der nach dem Willen unserer Vorfahren geschlossen werden sollte, wenn im ganzen Herrschaftsbereich des römischen Volkes, zu Wasser und zu Lande ein durch Siege gefestigter Friede eingekehrt sei – was nach der Überlieferung vor meiner Geburt, seit der Gründung der Stadt, überhaupt nur zweimal der Fall gewesen sein soll – diesen Tempel hat nun der Senat unter meiner Regierung dreimal zu schließen angeordnet. (...)

(34) In consulatu sexto et septimo, postquam bella civilia exstinxeram, per consensum universorum potitus rerum omnium, rem publicam ex mea potestate in senatus populique Romani arbitrium transtuli. Quo pro merito meo senatus consulto Augustus appellatus sum et laureis postes aedium mearum vestiti publice coronaque civica super ianuam meam fixa est et clupeus aureus in curia Iulia positus, quem mihi senatum populumque Romanum dare virtutis clementiaeque et iustitiae et pietatis causa testatum est per eius clupei inscriptionem. Post id tempus auctoritate omnibus praestiti, potestatis autem nihilo amplius habui quam ceteri, qui mihi quoque in magistratu collegae fuerunt.

(34) In meinem sechsten und siebenten Konsulat (28 und 27 v. Chr.) nachdem ich den Bürgerkriegen ein Ende gesetzt hatte, habe ich, der ich mit Zustimmung der Allgemeinheit zur höchsten Gewalt gelangt war, den Staat aus meinem Machtbereich wieder der freien Entscheidung des Senats und des römischen Volkes übertragen. Für dieses mein Verdienst wurde ich auf Senatsbeschluss „Augustus" genannt, die Türpfosten meines Hauses wurden öffentlich mit Lorbeer geschmückt, der Bürgerkranz über meinem Tor angebracht sowie ein goldener Schild in der Curia Julia aufgehängt, den mir Senat und Volk von Rom widmeten ob meiner Tapferkeit, Milde, Gerechtigkeit und Pflichttreue, wie die auf diesem Schild angebrachte Inschrift bezeugt. Seit dieser Zeit überragte ich zwar alle an Einfluss und Ansehen, Macht aber besaß ich hinfort nicht mehr als diejenigen, die auch ich als Kollegen im Amt gehabt hatte.

(Übersetzung: E. Weber)

Octavian wusste sehr genau, dass die Missachtung des von Cicero geforderten Respekts vor den gewachsenen Traditionen Roms seinem Adoptivvater Cäsar zum Verhängnis geworden war. Deshalb war der spätere Augustus peinlich darauf bedacht, keine Zweifel an seiner Republiktreue aufkommen zu lassen. Gewiss war sein Wille zur Macht nicht kleiner als derjenige Cäsars, aber sein politisches Gespür sagte ihm, dass er nur unter der Fassade der alten Republik dauerhaft eine neue Regierungsform errichten konnte. An deren Spitze standen jetzt freilich nur mehr auf dem Papier mehrere sich abwechselnde *principes*, in der Praxis herrschte aber einer allein, **der** *Princeps*. Damit war die Republik faktisch begraben, Rom war auf dem Weg zum Kaisertum, einer Regierungsform, die zwar verschiedenen Wandlungen unterworfen war, aber letztlich erst 1806 ihr Ende fand.

1. Belegen Sie am Text, dass der Tatenbericht des Augustus den Geist Ciceros atmet.
2. Erklären Sie, warum Octavian auf die republikanische Tradition bei der Errichtung des Prinzipats nicht verzichten konnte.
3. Der Tatenbericht des Augustus stellt in gewisser Weise seine Autobiographie dar. Erläutern Sie, welche Rückschlüsse sich daraus auf Autobiographien auch heutiger Politiker ziehen lassen.
4. Diskutieren Sie, ob der römische Staat ohne einen Umbau in ein monarchisches Regierungssystem zukunftsfähig gewesen wäre.

Röm. Statue (ca. 20 v. Chr.): Augustus

Lernwortschatz

Die Wortschatzauswahl basiert auf der Untersuchung des „Bamberger Wortschatzes". Die in der Wortkunde adeo-Norm enthaltenen 1248 Vokabeln werden als bekannt vorausgesetzt. Der folgende Lernwortschatz enthält darüber hinaus für die Oberstufenlektüre wichtiges Vokabular. Im jeweiligen Lernwortschatz angeführte Vokabeln werden für die nachfolgenden Texte als bekannt vorausgesetzt. Damit bei Auslassung einzelner Texte trotzdem keine Vokabeln für die Übersetzung des jeweiligen Textes fehlen, ist im Kommentar des Textes auf den entsprechenden Lernwortschatz verwiesen.

W1	**quam ob rem**	weshalb; deshalb (rel. Satzanschluss)
	molestus, a, um	lästig, beschwerlich
	scientia	Wissen, Kenntnis
	sapientia	Weisheit
	potius; potissimum (Adv.)	eher, lieber; am ehesten, am liebsten
	explicāre	erklären
	status, ūs m	Zustand, Verfassung
	disserere, -serō, -seruī, -sertum	erörtern, besprechen, diskutieren
	(im)perītus, a, um (+ Gen.)	(un)erfahren, (un)kundig (in etw.)
	longē (+ Superl.)	bei weitem
W2	**coetus**, ūs m	Verein(igung), Versammlung
	cōnsēnsus, ūs m	Übereinstimmung
	ūtilitās, ātis f	Nutzen, Vorteil
	nōn tam ... quam	nicht so sehr ... als vielmehr
	singulāris, e	einzeln, vereinzelt; ausgezeichnet
	expōnere, -pōnō, -posuī, -positum	aussetzen, ausstellen; darlegen
	diuturnus, a, um	lange dauernd; langlebig
	gignere, gignō, genuī, genitum	erzeugen, hervorbringen
	summa	höchste Stelle; Summe, Gesamtheit
	summa rerum	oberste Leitung der Staatsangelegenheiten
	optimātēs, -ium m Pl.	die Optimaten (→ SR)
	societās, ātis f	Gemeinschaft, Bündnis
	(dē)vincīre, -vinciō, -vīnxī, -vīnctum	fesseln, binden
	tolerābilis, e	erträglich
	praestāns, praestantis	vorzüglich
	sapiēns, sapientis	weise
W3	**expers**, expertis (+ Gen.)	ohne Anteil (an etw.), unkundig (in etw.)
	particeps, participis (+ Gen.)	beteiligt, teilnehmend (an etw.)
	moderātus, a, um	maßvoll
	gradus, ūs	Schritt; Stufe, Abstufung; Rang
	expetendus, a, um	erstrebenswert
	cliēns, entis m	Schützling, Klient
	inesse, insum, infuī (in + Abl.)	darin sein, enthalten sein, liegen (in etw.)
	distinguere, -tinguō, -tīnxī, -tīnctum	unterscheiden, trennen
	perniciōsus, a, um	verderblich, schädlich

W3	**fīnitimus**, a, um	angrenzend, benachbart
	(dē)lābī, -lābor, -lāpsus sum	(herab)sinken, (herab)gleiten
	administrātiō, ōnis f	Leitung, Regierung; Verwaltung
	factiō, ōnis f	Partei, Clique
W4	**(com)mutātiō**, ōnis f	Veränderung
	iniūstus, a, um	ungerecht
	tyrannus	Alleinherrscher; Gewaltherrscher, Tyrann
	sīn (Subj.)	wenn aber
	aliquandō (Adv.)	(irgendwann)einmal
	vim afferre (+ Dat.)	jdm. Gewalt antun
	si modo (Subj.)	wenn nur
	exprimere, -primō, -pressī, -pressum	ausdrücken
	difficile factū	schwierig (zu tun)
	sitis, is f (Akk.: -im; Abl.: -ī)	Durst
	minister, -trī	Diener, Helfer
	haurīre, hauriō, hausī, haustum	schöpfen; trinken
	valdē (Adv.)	sehr
	lēnis, e	mild, sanft
	spernere, spernō, sprēvī, sprētum	verschmähen, verachten
	ex quō fit, ut (+ Konj.)	daher kommt es, dass
	sē gerere	sich aufführen
	adhibēre	anwenden, heranziehen
	nequīre, nequeō, nequīvī	nicht können
W5	**exsistere**, -sistō, -stitī	hervorkommen; auftreten; entstehen, werden
	contrārius, a, um	entgegengesetzt, gegenteilig
	ferē (Adv.)	beinahe, fast; ungefähr; meistens
	immānis, e	furchtbar, schrecklich, unmenschlich
	audāx, ācis	frech, kühn, wagemutig
	merērī (dē + Abl.)	sich verdient machen (um etw.)
	oppōnere, -pōnō, -posuī, - positum	entgegensetzen, -stellen, -legen
	cōnstitūtiō, ōnis f	Verfassung
	firmus, a, um (Adv.: firmē / firmiter)	fest, stark, kräftig
	praecipitāre	(kopfüber) hinabstürzen
W6	**sapientia**	Weisheit, Einsicht, Klugheit
	dīvitiae, ārum f Pl	Reichtum
	fruī, fruor (+ Abl.)	genießen; benutzen
	dominārī	Herr sein, herrschen
	iūstitia	Gerechtigkeit
	illūstris, e	hell; glänzend, auffallend; berühmt
	īnsīgnis, e	auffallend, ausgezeichnet, glänzend
	nefārius, a, um	gottlos, verbrecherisch
	vexāre	quälen, misshandeln, schädigen
	ūrere, ūrō, ussī, ustum	(ver)brennen, ausdörren, austrocknen
	dēmēns, dēmentis	wahnsinnig, verrückt

W7	**ulcīscī**, ulcīscor, ultus sum (+ Akk.)	etw. rächen; sich (für etw.) rächen
	pūnīre	bestrafen
	haud sciō, an (+ Konj.)	vielleicht
	proprius, a, um (+ Gen.)	eigen(tümlich), charakteristisch (für jmd.)
	cōnfugere, -fugiō, -fūgī (+ Akk.)	Zuflucht suchen (bei / zu etw.)
	cum ... tum	sowohl ... als besonders
	percutere, -cutiō, -cussī, -cussum	erschüttern
	patrōnus	Schutzherr; Anwalt
W8	**porrō** (Adv.)	weiter; außerdem
	dubium	Zweifel
	dēfīnītiō, ōnis f	Abgrenzung; Begriffsbestimmung, Definition
W9	**attendere**, -tendō, -tendī, -tentum	aufpassen, achten auf, merken
	sacrificāre	opfern
	appāret (+ AcI)	es ist offenkundig
	praescrībere, -scrībō, -scrīpsī, -scrīptum	vorschreiben
	aptus, a, um	genau angepasst, geeignet
	mundus	Welt
	oboedīre	Gehör schenken, gehorchen
	iussum	Befehl
	prūdentia	Klugheit, Einsicht
	dīligentia	Sorgfalt, Gewissenhaftigkeit
	modestus, a, um	maßvoll, besonnen
	caelestis, e	himmlisch; *Subst.*: Gott
	quae (quod) cum ita sint (sit), ...	aus diesem Grund ...
W10	**estō** (estōte; suntō)!	du sollst sein, er soll sein! (ihr sollt, sie sollen sein!)
	corrigere, -rigō, -rēxī, -rēctum	verbessern, berichtigen
	continentia	Zurückhaltung; Selbstbeherrschung
	vīcīnus, a, um	benachbart; *Subst.*: Nachbar
	lībert(īn)us	Freigelassener
	partim ... partim	teils ... teils
	quāliscumque, quālecumque	wie (beschaffen) auch immer
	victus, ūs	Lebensunterhalt; Lebensweise
	īnfundere, -fundō, -fūdī, -fūsum	hineingießen; darübergießen, verbreiten (über)
	nocēre	schaden
W11	**versus**, ūs	Vers
	brevitās, ātis f	Kürze
	vēritās, ātis f	Wahrheit
	ōrāculum	Orakelstätte; Orakelspruch
	excellēns, excellentis	hervorragend, ausgezeichnet
	color, ōris m	Farbe
	interīre, -eō, -iī, -itum	untergehen
	ratiōnem reddere (+ Gen.)	Rechenschaft ablegen (über etw.)
	causam dīcere	sich verteidigen
	prīdem (Adv.)	längst, seit langem

W12	**concordia**	Eintracht
	certāre	kämpfen, wetteifern
	domī (Adv.)	zu Hause, daheim
	fidus, a, um / **fidēlis**, e	treu, zuverlässig
	subigere, -igō, -ēgī, -āctum	unterwerfen; zwingen
	dubius, a, um	zweifelnd; zweifelhaft, unentschieden
	tolerāre	ertragen, aushalten
	miseria	Elend, Not, Unglück
	crūdēlitās, ātis f	Grausamkeit
	interdum (Adv.)	manchmal, bisweilen
	invādere, -vadō, -vāsī, -vāsum	eindringen, sich verbreiten, befallen
W13	**adversārius**, a, um	feindlich; *Subst.*: Gegner, Feind
	expetere, -petō, -petīvī, -petītum	erstreben
	nōnnumquam (Adv.)	manchmal
	dīmicāre	kämpfen
	incitāre	antreiben, aufwiegeln
W14	**cōnstantia**	Standhaftigkeit, Besonnenheit
	memoriae trādere	sich einprägen
	excelsus, a, um	emporragend, hoch
	stella	Stern
	ēvertere, ēvertō, ēvertī, ēversum	zerstören
	triumphum agere	einen Triumph feiern
	absēns, absentis	abwesend
	fātālis, e	schicksalhaft; tödlich
W15	**quō**	wo, wohin; *mit Kompar.*: damit umso
	adiuvāre, -iuvō, -iūvī, -iūtum (+ Akk.)	unterstützen, helfen
	dēfīnīre	bestimmen
	concilium	Versammlung
	carcer, eris m	Kerker
	complectī, -plector, -plexus sum	umarmen, umfassen; begreifen
	migrāre	wandern, auswandern
	pietās, ātis f	fromme Liebe (gegen Götter, Menschen, Heimat)
	incolere, -colō, -coluī, -cultum	bewohnen; wohnen
W16	**digitus**	Finger
	moderārī	mäßigen; lenken, leiten
	praepōnere, -pōnō, -posuī, - positum	voranstellen, an die Spitze stellen
	fragilis, e	zerbrechlich, hinfällig
	vēlōx, ōcis	schnell, geschwind
	inclūdere, -clūdō, -clūsī, -clūsum	einschließen
	contemplārī	betrachten

Grundwissen: Grammatik

Auf dieser Doppelseite können Sie kompakt wichtige Grammatikbausteine wiederholen. Die Sicherheit im Umgang mit diesen wird Ihnen die Arbeit am Text erleichtern.

1. AcI

A Inf. Perf.: vorzeitig — B Inf. Präs.: gleichzeitig — C Inf. Fut.: nachzeitig

	Cicero amicus Attici erat. Atticus putat (putavit)		Cicero war ein Freund von Atticus. Atticus glaubt (glaubte),
A	eum optimum omnium oratorem fuisse.	A	dass er (Cicero) der beste Redner von allen war (gewesen war).
B	eum optimum omnium oratorem esse.	B	dass er (Cicero) der beste Redner von allen ist (war).
C	eum optimum omnium oratorem futurum esse (fore).	C	dass er (Cicero) der beste Redner von allen sein wird (sein werde).
	Cicero gaudet (gaudebat)		Cicero freut sich (freute sich),
A	se ab Attico laudatum <esse>[1].	A	dass er von Atticus gelobt wurde (gelobt worden war).
B	se ab Attico laudari.	B	dass er von Atticus gelobt wird (gelobt wurde).

2. NcI

A Inf. Perf.: vorzeitig — B Inf. Präs.: gleichzeitig — C Inf. Fut.: nachzeitig

A	Cicero optimus omnium orator fuisse dicitur.	A	Es wird gesagt, dass Cicero der beste Redner von allen war. ~ Cicero soll der beste Redner von allen gewesen sein.
B	Clodius inimicus Ciceronis <esse>[1] videtur.	B	Es scheint, dass Clodius ein Feind von Cicero ist.
C	Catilina Ciceronem necaturus esse putabatur.	C	Es wurde geglaubt (man glaubte), dass Catilina Cicero töten werde (wolle).
A	<Tu> inimicus Ciceronis fuisse diceris.	A	Man sagt, dass du Ciceros Feind warst.
B	<Ego> amicus Ciceronis esse putor.	B	Man glaubt, dass ich Ciceros Freund bin.
C	<Vos> consulem necaturi <esse>[1] videbamini.	C	Es schien, dass ihr den Konsul töten würdet (wolltet).

3. Doppelter Akkusativ

(→ im Passiv: doppelter Nominativ)

	Atticus Ciceronem optimum omnium oratorem putat (ducit; existimat).		Atticus hält Cicero für den besten Redner von allen.
→	Cicero optimus omnium orator putatur.	→	Cicero wird für den besten Redner von allen gehalten.

4. Relativsatz als Subjekt oder Objekt

A Subjekt — B Objekt

A	Qui id fecit, homo malus est. Quod dicis, verum non est. Quae dicis, vera non sunt.	A	Wer das getan hat, ist ein schlechter Mensch. Was du sagst, ist nicht wahr. Was du sagst, ist nicht wahr.
B	Quod / Quae dicis, non intellego. Quidquid fecisti, scimus.	B	Was du sagst, verstehe ich nicht. Alles, was du getan hast, wissen wir.

[1] <esse> kann auch weggelassen werden.

5. Participium coniunctum

A PPP: vorzeitig **B PPA: gleichzeitig**

A	B
A Cicero timore maris motus navem ascendit.	B Cicero Clodium metuens patriam relinquit.

als Attribut: wörtlich / mit Relativsatz

A	B
A Der von Angst vor dem Meer bewegte Cicero besteigt (bestieg) ein Schiff. ~ Cicero, der von Angst vor dem Meer bewegt worden ist (war), besteigt (bestieg) ein Schiff.	B Der den Clodius fürchtende Cicero verlässt die Heimat. ~ Cicero, der Clodius fürchtet, verlässt die Heimat.

als Adverbiale: mit Adverbialsatz / mit Präpositionalausdruck

A	B
A Cicero besteigt (bestieg) ein Schiff, obwohl er von Angst vor dem Meer bewegt worden ist (war). ~ Cicero besteigt (bestieg) trotz seiner Angst vor dem Meer ein Schiff.	B Cicero verlässt die Heimat, weil er Clodius fürchtet. ~ Cicero verlässt aus Angst vor Clodius die Heimat.

6. Ablativus absolutus

A PPP: vorzeitig **B PPA: gleichzeitig**

A	B
A Clodio necato Milo accusatur.	B Cicerone Milonem defendente milites forum occupabant.

mit Adverbialsatz

A	B
A Nachdem / weil Clodius getötet worden ist, wird Milo angeklagt.	B Als / während Cicero Milo verteidigte, besetzten Soldaten das Forum.

mit Präpositionalausdruck

A	B
A Nach/ wegen der Tötung des Clodius wird Milo angeklagt.	B Während Milos Verteidigung durch Cicero besetzten Soldaten das Forum.

mit Beiordnung

A	B
A Clodius wurde getötet; dann / deshalb wird Milo angeklagt.	B Cicero verteidigte Milo; währenddessen besetzten Soldaten das Forum.

7. Ablativus comparationis

Nemo Romanus eloquentior Cicerone fuit. ~ Nemo Romanus eloquentior quam Cicero fuit.	Kein Römer war beredter als Cicero.
Nihil est bello civili miserius. ~ Nihil est miserius quam bellum civile.	Nichts ist unseliger als Bürgerkrieg. ~ Bürgerkrieg ist das Unseligste, was es gibt.
Omnes populi libertatem, qua nihil dulcius est, amant.	Alle Völker lieben die Freiheit, im Vergleich zu der es nichts Angenehmeres gibt (~ das Angenehmste, was es gibt).

8. nd-Formen

A Gerundium **B attributives Gerundivum** **C prädikatives Gerundivum**

A Cicero cives conservandi causa ex urbe exit.	A Cicero verlässt um der Rettung seiner Mitbürger willen Rom (~ um seine Mitbürger zu retten).
B Cicero conservandorum civium causa ex urbe exit.	B Cicero verlässt um der Rettung seiner Mitbürger willen Rom (~ um seine Mitbürger zu retten).
C Cives Romani nobis conservandi sunt. Innocentes patrono bono accusandi non sunt.	C Die röm. Bürger müssen von uns gerettet werden (~ Wir müssen die röm. Bürger retten). Unschuldige dürfen von einem guten Anwalt nicht angeklagt werden (~ Ein guter Anwalt darf Unschuldige nicht anklagen).

9. **Satzanalyse:** Einrückmethode

Es empfiehlt sich, vor allem lange Sätze zuerst mit Hilfe einer Satzanalyse auf ihre Konstruktion hin zu erfassen.

a) Man teilt ein Blatt folgendermaßen ein:
HS NS1 NS2 NS3

b) Man beginnt von vorne und geht der Reihe nach vor: Beginnt der Satz mit einem HS, beginnt man in der Spalte HS, beginnt er mit einem NS, beginnt man in der Spalte NS1.

c) Bei jeder Subjunktion rückt man dann entsprechend ein bzw. fährt bei fehlender Subjunktion in der Spalte des fortgeführten Satzes (HS oder NS) fort.

Bei Vokativ und Apposition rückt man nicht ein, da sie Bestandteil des jeweiligen Satzes sind. Bei AcI, NcI, Abl. abs. und Participium coniunctum rückt man ebenfalls nicht ein, da sie ebenfalls Bestandteil des jeweiligen Satzes sind. Achtung bei *verum, sed, autem*: Diese Konjunktionen führen einen Gedanken auf gleicher Ebene antithetisch fort: => kein Einrücken!

Beispiel:

Nos vero, si quid tale acciderit, ut a deo denuntiatum videatur, ut exeamus e vita, laeti et agentes gratias pareamus emittique nos e custodia et levari vinclis arbitremur, ut aut in aeternam et plane in nostram domum remigremus aut omni sensu molestiaque careamus! Sin autem nihil denuntiabitur, eo tamen simus animo, ut horribilem illum diem aliis nobis faustum putemus nihilque in malis ducamus, quod sit vel a diis inmortalibus vel a natura parente omnium constitutum! Non enim temere nec fortuito sati et creati sumus, sed profecto fuit quaedam vis, quae generi consuleret humano nec id gigneret aut aleret, quod, cum exanclavisset omnes labores, tum incideret in mortis malum sempiternum!

HS	NS1	NS2	NS3
Nos vero,			
	si ... acciderit,		
		ut ... videatur,	
			ut exeamus e vita,
laeti ... arbitremur,			
	ut aut ...remigremus aut ... careamus!		
	Sin ...denuntiabitur,		
eo ...simus animo,			
	ut ...putemus nihilque ...ducamus,		
		quod sit vel a ... vel a ...constitutum!	
Non enim ... nec ...creati sumus, sed ...fuit ...vis,			
	quae ... consuleret ... nec id ... aleret,		
		quod, tum incideret...!	
			cum ...labores,

Abschließend sollte man aber diese Sätze doch von vorne her übersetzen, da oft die zu Anfang gegebenen Informationen für das Verständnis des Darauffolgenden Voraussetzung sind (z. B. Pronomina, die Substantive wieder aufgreifen; Adjektive, die sich auf zuvor genannte Substantive beziehen ...).

Zur Interpretation von Texten

Für die formale und inhaltliche Interpretation von Texten empfiehlt sich das folgende Vorgehen:

1. Finden Sie eine Überschrift, die den Inhalt der zu interpretierenden Textstelle möglichst genau auf den Punkt bringt.
2. Paraphrasieren Sie die wesentlichen Aussagen des Textes, die Sie zu der Überschrift veranlasst haben. Orientieren Sie sich dabei insbesondere auch an den Konjunktionen und Subjunktionen, da diese wesentliche Informationen über die logische Struktur des Textes beinhalten.
3. Zeigen Sie auf, mit welchen formalen Mitteln der Autor seine Aussage zu unterstützen versucht. Die untenstehenden Charakteristika können Ihnen dabei als Ansatzpunkte für die Interpretation von Cicero-Texten dienen, leisten aber auch wertvolle Dienste für Texte von anderen Autoren.
4. Eine eventuelle Zusatzfrage kann erst nach Erledigung der ersten drei Schritte beantwortet werden, da sie meist in Beziehung zu den dort getroffenen Aussagen steht, indem sie diese entweder weiterführen oder kritisch überprüfen soll.

Stil: persönlich oder unpersönlich	Anreden an Adressaten oder Beschreibungen? Brief bzw. Dialog mit je verschiedenen Adressaten oder Sachtext?
Ton: belehrend - emotional oder sachlich - distanziert	Lehrer-Schüler-Verhältnis oder freundschaftliches Verhältnis oder kein näheres Verhältnis zwischen Verfasser und Adressat? Anweisungen, Mahnungen, Verbote, mit denen der Leser zur praktischen Umsetzung der Gedanken gebracht werden soll oder nüchterne Beschreibung und Schilderung?
Rhetorik	Stilmittel (→ S. 54) schmücken nicht nur den Text, sondern ordnen ihn zugleich, weshalb sie auch als Übersetzungshilfe dienen können. Ihr ursprünglicher Sinn besteht freilich darin, den Leser bzw. Hörer - oft mit Nachdruck - von der eigenen Argumentation zu überzeugen.
Argumentation: kunstvoll oder schlicht	Auftreten eines *fictus interlocutor*, der mögliche Einwände gegen die eigene Position vorbringt, oder Vortrag der eigenen bzw. der Gegenposition? Weckung von Sympathie und Antipathie beim Leser oder Wahrung der Distanz zum Leser?
Veranschaulichung	Beispiele aus dem Leben des Autors oder andere bedeutende *exempla* (Cato; Sokrates; Horatius Cocles ...) zur Verlebendigung oder trockene Sachinformation?
Darstellungsform: wechselnd oder gleich bleibend	kurze, pointierte Sätze im Wechsel mit langen Satzgefügen, um Langeweile beim Leser zu vermeiden, oder nur kurze bzw. lange Sätze?

Grundwissen: Stilmittel

Alliteration	Anlaut-Wiederholung bei aufeinander folgenden Wörtern → Betonung; Erzeugung eines akustischen Reizes	auctores et conservatores civitatis
Anapher	Wort(gruppen)-Wiederholung am Anfang von Sätzen oder Satzteilen → Betonung; Erleichterung für das Verfolgen des Gedankenganges	**Haec** audivimus, **haec** accepimus, **haec** legimus.
Antithese	Gegensatz → Betonung, Verdeutlichung der Aussageabsicht	Mihi oratio est cum virtute, **non** cum desidia.
Asyndeton	Unverbundene Nebeneinanderstellung von Wörtern oder Sätzen, die nur durch Kommas getrennt werden → nachdrückliche Betonung, „Einhämmerung"	Fateor multos **adversarios, inimicos, invidos** esse.
Chiasmus	Über-Kreuz-Anordnung von Wörtern oder Wortgruppen → Hervorhebung eines Gegensatzes	**Concordia** (A) **maxima** (B), **minima** (B) **avaritia** (A) erat.
Ellipse	Auslassung eines vom Sinn her selbstverständlichen Wortes → Prägnanz und Schwung	Populi vi subacti <**sunt**>. / Cum potentibus dimicandum <**est**>.
Enumeratio	Oft asyndetische Aufzählung einer Vielzahl von Beispielen → Unterstreichung eines Arguments durch Fülle	Qui **auctoritate**, qui **fide**, qui **constantia**, qui **magnitudine animi** restiterunt.
Exclamatio	Echter oder gespielter emotionaler Ausbruch in Form eines Ausrufs → Hervorhebung und Betonung	O praeclarum diem!
Hendiadyoin	„Eins durch Zwei": anstatt durch ein Adjektiv wird ein Substantiv durch ein mit „und" angehängtes zweites Substantiv präzisiert: Bemühungen und Fehler ~ fehlerhafte Bemühungen → Klarheit, Betonung	impetus et conatus: Angriffsbemühungen
Hyperbaton	Trennung zusammengehörender Wörter durch einen Einschub →besondere Betonung der rahmenden oder eingerahmten Wörter	**quid** in eo putandum est **iustitiae**
Litotes	Verneinung des Gegenteils → Betonung	**non paulo** ~ multo; **non ignorat**
Klimax	Stufenweise Steigerung von Wörtern oder Wortgruppen mit ähnlicher Bedeutung durch ihre Anordnung → Hervorhebung, Beeindruckung der Zuhörer	Cum multis **audacibus, improbis,** nonnumquam etiam **potentibus** dimicandum est.
Parallelismus	Gleiche Abfolge von aufeinander folgenden Wortgruppen bzw. Satzgliedern → Verständniserleichterung; Hervorhebung	**Adeundae** (A) **inimicitiae** (B), **subeundae** (A) **tempestates** (B) sunt.
Polysyndeton	Durch *et* verbundene Reihung von Wörtern oder Sätzen → nachdrückliche Betonung, „Einhämmerung"	Homines leves **et** audaces **et** malos **et** perniciosos cives putaverunt.
Rhetorische Frage	Scheinfrage: in die Form einer Frage an die Zuhörer umgewandelte Aussage → Hervorhebung und Betonung	**Quid** enim manet ex antiquis moribus**?**
Trikolon	Aus drei Einzelaussagen zusammengesetztes Ganzes → Hervorhebung (oft steigernd → Klimax)	Haec **audivimus (1)**, haec **accepimus (2)**, haec **legimus (3)**.
Vergleich	Kurze Veranschaulichung eines Gegenstandes durch ein Beispiel: (So) wie ... so auch → Klärung	**Ut** ex nimia potentia oritur interitus principum, **sic** nimis liberum populum libertas ipsa servitute afficit.

Übungstexte

Die folgenden Texte sind zur Arbeit mit einem Wörterbuch bewusst unkommentiert.

Zu Buch I / II

1. Populum enim esse (Cicero) definivit coetum multitudinis iuris consensu et utilitatis communione sociatum. Quid autem dicat iuris consensum, disputando explicat, per hoc ostendens geri sine iustitia non posse rem publicam. Ubi ergo iustitia vera non est, nec ius potest esse. Quod enim iure fit, profecto iuste fit. Quod autem fit iniuste, nec iure fieri potest. Non enim iura dicenda sunt vel putanda iniqua hominum constituta, cum illud etiam ipsi ius esse dicant, quod de iustitiae fonte manaverit, falsumque esse, quod a quibusdam non recte sentientibus dici solet, id esse ius, quod ei, qui plus potest, utile est. Quocirca ubi non est vera iustitia, iuris consensu sociatus coetus hominum non potest esse et ideo nec populus iuxta illam Scipionis vel Ciceronis definitionem; et si non populus, nec res populi, sed qualiscumque multitudinis, quae populi nomine digna non est. Ac per hoc, si res publica res est populi et populus non est, qui consensu non sociatus est iuris, non est autem ius, ubi nulla iustitia est: procul dubio colligitur, ubi iustitia non est, non esse rem publicam. (Augustinus, *De civ.* 19,21)

2. Tubero: „Laudavisse mihi videris nostram rem publicam, cum ex te non de nostra, sed de omni re publica quaesivisset Laelius. Nec tamen didici ex oratione tua istam ipsam rem publicam, quam laudas, qua disciplina, quibus moribus aut legibus constituere vel conservare possimus." Hic Africanus: „Puto nobis mox de instituendis et conservandis civitatibus aptiorem, Tubero, fore disserundi locum. De optimo autem statu equidem arbitrabar me satis respondisse ad id, quod quaesiverat Laelius. Primum enim numero definiveram genera civitatum tria probabilia, perniciosa autem tribus illis totidem contraria nullumque ex eis unum esse optimum, sed id praestare singulis, quod e tribus primis esset modice temperatum. Quod autem exemplo nostrae civitatis usus sum, non ad definiendum optimum statum valuit – nam id fieri potuit sine exemplo –, sed ut in civitate maxima reapse cerneretur, quale esset id, quod ratio oratioque describeret. Sin autem sine ullius populi exemplo genus ipsum exquiris optimi status, naturae imagine utendum est nobis." (Cicero, *De rep.* 2,64–66)

Zu Buch III / IV

3. Disputatur certe acerrime atque fortissime in eisdem ipsis de re publica libris adversus iniustitiam pro iustitia. Et quoniam, cum prius ageretur pro iniustitiae partibus contra iustitiam et diceretur nisi per iniustitiam rem publicam stare gerique non posse, hoc veluti validissimum positum erat, iniustum esse, ut homines hominibus dominantibus serviant, quam tamen iniustitiam nisi sequatur imperiosa civitas, cuius est magna res publica, non eam posse provinciis imperare. Responsum est a parte iustitiae ideo iustum esse, quod talibus hominibus sit utilis servitus, et pro utilitate eorum fieri, cum recte fit, id est cum improbis aufertur iniuriarum licentia et domiti melius se habebunt, quia indomiti deterius se habuerunt. (Augustinus, *De civ.* 19,21)

4. Constat profecto ad salutem civium civitatumque incolumitatem vitamque hominum quietam et beatam inventas esse leges eosque qui primum eiusmodi scita sanxerint, populis ostendisse ea se scripturos atque laturos, quibus illi adscitis susceptisque honeste beateque viverent, quaeque ita conposita sanctaque essent, eas leges videlicet nominarent. Ex quo intellegi par est, eos, qui perniciosa et iniusta populis iussa descripserint, cum contra fecerint quam polliciti professique sint, quidvis potius tulisse quam leges, ut perspicuum esse possit, in ipso nomine legis interpretando inesse vim et sententiam iusti et veri legendi.
(Cicero, *De leg.* 2,11)

Zu Buch III / IV

5. Ante Carthaginem deletam populus et senatus Romanus placide modesteque inter se rem publicam tractabant; neque gloriae neque dominationis certamen inter cives erat: metus hostilis in bonis artibus civitatem retinebat. Sed ubi illa formido mentibus decessit, scilicet ea, quae res secundae amant, lascivia atque superbia incessere. Ita otium, quod in adversis rebus optaverant, postquam adepti sunt, asperius acerbiusque fuit. Namque coepere nobilitas dignitatem, populus libertatem in libidinem vertere, sibi quisque ducere trahere rapere. Ita omnia in duas partes abstracta sunt, res publica, quae media fuerat, dilacerata.
(Sallust, *Iugurtha* 41)

6. Qua re imitemur nostros Brutos, Camillos, Ahalas, Decios, Curios, Fabricios, Maximos, Scipiones, Lentulos, Aemilios, innumerabilis alios, qui hanc rem publicam stabiliverunt! Quos equidem in deorum immortalium coetu ac numero repono. Amemus patriam, pareamus senatui, consulamus bonis! Praesentes fructus neglegamus, posteritatis gloriae serviamus! Id esse optimum putemus, quod erit rectissimum! Speremus, quae volumus, sed, quod acciderit, feramus! Cogitemus denique corpus virorum fortium magnorumque hominum esse mortale, animi vero motus et virtutis gloriam sempiternam! Neque hanc opinionem si in illo sanctissimo Hercule consecratam videmus, cuius corpore ambusto vitam eius et virtutem immortalitas excepisse dicatur, minus existimemus eos, qui hanc tantam rem publicam suis consiliis aut laboribus aut auxerint aut defenderint aut servaverint, esse immortalem gloriam consecutos! (Cicero, *Pro Sest.* 143)

7. Nos vero, si quid tale acciderit, ut a deo denuntiatum videatur, ut exeamus e vita, laeti et agentes gratias pareamus emittique nos e custodia et levari vinclis arbitremur, ut aut in aeternam et plane in nostram domum remigremus aut omni sensu molestiaque careamus! Sin autem nihil denuntiabitur, eo tamen simus animo, ut horribilem illum diem aliis nobis faustum putemus nihilque in malis ducamus, quod sit vel a diis inmortalibus vel a natura parente omnium constitutum! Non enim temere nec fortuito sati et creati sumus, sed profecto fuit quaedam vis, quae generi consuleret humano nec id gigneret aut aleret, quod, cum exanclavisset omnes labores, tum incideret in mortis malum sempiternum! Portum potius paratum nobis et perfugium putemus!
(Cicero, *Tusc.* 1,118)

Grundwissen: Cicero, *De re publica*

1. **Der Aufbau von *De re publica***

Buch I: Staatsdefinition + Verfassungskreislauf	Buch IV: Gesetzgebung und Gerechtigkeit
Buch II: Entstehung der röm. Mischverfassung	Buch V: Der beste Staatsmann
Buch III: Gerechtigkeit als Fundament des Staates	Buch VI: *Somnium Scipionis*: Belohnung für gute Politik im Jenseits

De re publica spielt im Jahr 129 v. Chr., weil in diesem Jahr Scipio d. J. starb. Das, was er sagt, wird somit gleichsam als sein geistiges Testament stark aufgewertet. Mit dieser Datierung lehnt sich Cicero nahe an Platons Dialog *Phaidon* an, der kurz vor dem Tod des Sokrates spielt.

2. Die literarischen Vorbilder Ciceros

Im Hinblick auf das Thema orientierte sich Cicero v.a. an Platons *Politeia* (~ der Staat). Im Hinblick auf die Form orientierte er sich eher an Aristoteles: Dessen Dialoge kennzeichnen längere zusammenhängende Reden sowie persönliche Vorreden zu den einzelnen Büchern (im Gegensatz dazu sind die Dialoge Platons meist sehr kurzatmig).

3. Die Intention Ciceros

Cicero schrieb *De re publica* zwischen 55 und 51 v. Chr., als er wegen der erneuten Einigung zwischen Pompejus, Crassus und Cäsar bei der Konferenz von Luca (56 v. Chr.) politisch abgemeldet war. Der Dialog war somit nahezu die einzige Möglichkeit für Cicero, in die Politik einzugreifen.

Mit dem Dialog verbeugt er sich zugleich vor dem Scipionenkreis, dem einige seiner eigenen Lehrer entstammten. Dort wurde nämlich erstmals die für Cicero so prägende Symbiose zwischen Rom und Griechenland, zwischen Praxis und Theorie hergestellt.

4. Die Staatsdefinition Ciceros

Cicero definiert den Staat in *De rep.* 1,39 (→ S.12) folgendermaßen:
„Es ist also der Staat Sache des Volks, ein Volk aber ist nicht jede auf beliebige Weise zusammengescharte Ansammlung von Menschen, sondern die Verbindung einer Menge, die durch gleiche Rechtsauffassung und zum gemeinsamen Nutzen vereint ist. Die erste Ursache aber dieser Verbindung ist nicht so sehr ihre Schwäche als gewissermaßen eine in ihrer Natur angelegte Vereinigung des Menschen."

Ursache des Staates ist für Cicero die natürliche Veranlagung des Menschen (*natura congregabilis*: → 6. *ius naturale*). Der Staat ist für Cicero somit anders als für Thomas Hobbes keine Notgemeinschaft, in die der Mensch wegen seiner eigenen Schwäche getrieben wird. Die Staatsgründung ist ein naturgegebener, freiwilliger Akt, da der Mensch für Cicero in Anlehnung an Aristoteles ein *zoon politikon* (= ein erst im Staat voll und ganz seiner Wesensbestimmung des Zusammenlebens gerecht werdendes Lebewesen) ist.

5. Die gemischte Verfassung (~ die Verfassung der röm. Republik → S. 5)

Aus der griech. Staatsphilosophie kennt Cicero als einfache Staatsformen (*genera rei publicae*)

die Monarchie	**die Herrschaft eines Einzigen**
die Aristokratie	**die Herrschaft der Besten**
die Demokratie	**die Herrschaft des Volkes.**

Jede dieser Staatsformen hat nach Cicero Mängel, die dazu führen können, dass sie entartet:
So entsteht aus der Monarchie durch Willkür die Tyrannis (Diktatur), der Aristokratie durch Klüngel- („Freunderl-") Wirtschaft die Plutokratie (gr. *plutos* = Reichtum), der Demokratie durch Parteikämpfe die Ochlokratie (gr. *ochlos* = Pöbel).
Der Wandel der Verfassungen erfolgt dabei meist nach dem folgenden, von Polybios entworfenen Muster, an dem sich Cicero - wenn auch nicht dogmatisch - orientiert:

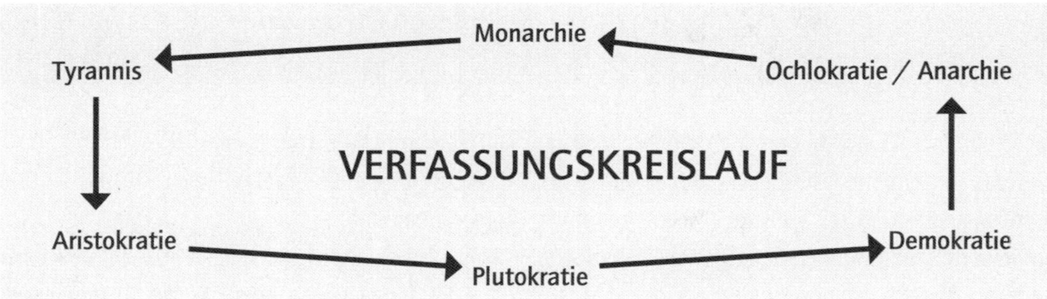

IDEAL:
Wenn Cicero von diesen „schlechten" Verfassungen einer den Vorzug geben müsste, würde Cicero die Monarchie wählen: Denn in ihr herrscht im Idealfall ein Philosoph (vgl. Platon), der wohl Ciceros Maßstab einer guten Politik (*otium cum dignitate*) am besten umsetzen würde.

REALITÄT:
Da dieser Idealfall aber nur sehr selten eintritt, ist nach der praktischen Erfahrung Ciceros die beste Verfassung die sogenannte gemischte Verfassung (*genus mixtum*, vgl. Polybios). Sie ist zugleich am besten geeignet, dauerhaft zu sein, ist also dem Verfassungskreislauf weitgehend entzogen.

6. Recht und Gerechtigkeit

Recht lässt sich auch für Cicero einteilen in

ius civile (= positives, vom Menschen gesetztes, bürgerliches Recht)	*ius naturale* (= natürliches, aus der Natur / von Gott abgeleitetes Naturrecht)

Nach Ansicht Ciceros steht das Naturrecht über dem positiven Recht. Es ist gleichsam das Korrektiv des bürgerlichen Rechts, das dem Nutzen aller dienen muss, wenn es als gerecht anerkannt werden will.
Dem Naturrecht widerspricht es freilich nicht, Krieg zu führen, solange man die folgenden Gesichtspunkte respektiert (Theorie des gerechten Krieges).

Ein Krieg ist gerecht,
- wenn er durch die Fetialen (spezielle Priester) angekündigt ist,
- wenn er dazu dient, sich zu rächen (d.h. unrechtmäßig Verlorenes wiederzugewinnen),
- wenn er dazu dient, sich selbst oder Verbündete gegen Feinden zu verteidigen.

Eigennamenverzeichnis (EV)

Antike

Aenēās (ae)	Äneas, Sohn des Anchises und der Venus; trojanischer Held und Stammvater Roms bzw. der julischen Familie; nach ihm werden die Römer von Lukrez als Äneaden benannt
Aequī (ōrum)	die Äquer; ital. Volksstamm östlich von Rom; 304 v. Chr. von Rom unterworfen
Alarich	Westgotenkönig; eroberte 410 v. Chr. Rom
Anchīsēs (ae)	Vater des Äneas
Antonius (ī)	Marcus Antonius (83-30 v. Chr.); lässt als Triumvir zusammen mit Octavian Cicero auf die Proskriptionsliste setzen
Atticus (ī)	Titus Pomponius Atticus (109-32 v. Chr.); röm. Ritter; wohl bester Freund Ciceros
Augustīnus (ī)	Aurelius Augustinus (354-430); Kirchenlehrer und Bischof von Hippo in Nordafrika
Brūtus (ī)	(1) Lucius Junius Brutus; vertrieb ca. 500 v. Chr. die Tarquinier aus Rom und war zusammen mit Collatinus erster Konsul der Republik (2) Marcus Junius Brutus; 85-42 v. Chr.; Freund Ciceros; ermordete zusammen mit Cassius und anderen Verschwörern Cäsar 44 v. Chr.
Caesar (aris)	Gajus Julius Cäsar (100-44 v.Chr.); röm. Politiker und Schriftsteller; 44 v. Chr. an den Iden des März als Diktator ermordet
Carneadēs (is)	Karneades (213-128 v. Chr.), griech. Philosoph; Gründer der Neueren Akademie in Athen; Mitglied der 155 v. Chr. nach Rom entsandten Philosophengesandtschaft
Charōndās (ae)	Charondas (7. Jh. v. Chr.); berühmter Gesetzgeber der Stadt Catania auf Sizilien
Cicerō (ōnis)	Marcus Tullius Cicero (106-43 v. Chr.); röm. Politiker und Schriftsteller; 63 v. Chr. Konsul; 43 v. Chr. auf Betreiben von M. Antonius ermordet
Corinthus (ī)	griech. Handelsstadt; 146 v. Chr. von den Römern zerstört
Cyrus (ī)	Kyros; persischer König von 559-529 v. Chr.
Ennius (ī)	Quintus Ennius (239-169 v. Chr.); römischer Dichter, von Scipio dem Älteren gefördert; Verfasser der *Annales*, des römischen Nationalgedichts zur Zeit Ciceros
Gracchus (ī)	(1) Tiberius Sempronius Gracchus; Schwager des jüngeren Scipio; römischer Agrarreformer; ermordet 133 v. Chr. (2) Gajus Sempronius Gracchus; Bruder des Tiberius; setzte die Agrarreform seines Bruders fort; ermordet 121 v. Chr.
Herculēs (is)	größter Held der griech. Mythologie; Ideal männlicher Tugend; vollbringt mit seinen Zwölf Arbeiten übermenschliche Taten; wird schließlich in den Olymp aufgenommen
Hernicī (ōrum)	die Herniker; ital. Volksstamm in Latium; im 4. Jh. v. Chr. von Rom unterworfen
Homērus (ī)	griech. Dichter (8. Jh. v. Chr.); Verfasser der Ilias und der Odyssee
Laelius (ī)	Gajus Laelius Sapiens (2. Jh. v. Chr.); Freund des jüngeren Scipio; Titelheld von Ciceros Dialog *Laelius de amicitia*
Latīnī (ōrum)	die Latiner; die Bewohner Latiums; nach ihnen ist das latinische Bürgerrecht, eine Vorstufe des vollen römischen Bürgerrechts benannt
Līvius (ī)	Titus Livius (59 v.-17 n. Chr.); röm. Historiker; sein Geschichtswerk *Ab urbe condita* erzählt die röm. Geschichte von der Gründung der Stadt bis ins Jahr 9 v. Chr.
Lūcullus (ī)	Lucius Licinius Lucullus (106-56 v. Chr.); röm. Politiker und Feldherr; bekannt für seinen Reichtum und Tafelluxus
Lycurgus (ī)	um 800 v. Chr.; er soll Sparta eine Verfassung gegeben haben
Mānīlius (ī)	Manlius Manilius; hervorragender Rechtsgelehrter; Konsul 149 v. Chr; Mitglied des Scipionenkreises (→ SR)

Masinissa (ae)	König von Numidien; Verbündeter Roms; Freund Scipios des Älteren
Massilia (ae)	Marseille; Stadt an der Südostküste Galliens; Bundesgenosse Roms
Mūcius (ī)	Quintus Mucius Scaevola Augur; Konsul 117 v. Chr; Mitglied des Scipionenkreises (→ SR)
Mummius (ī)	Spurius Mummius; Mitglied des Scipionenkreises (→ SR)
Numa Pompilius (ī)	zweiter römischer König; er gab den Römer die ältesten religiösen Gesetze
Numantia (ae)	Numantia, Stadt in Spanien; 133 v. Chr. von Scipio dem Jüngeren zerstört
Octāviānus (ī)	Gajus Octavianus (63 v.-14 n. Chr.), der spätere Kaiser Augustus
Panaetius (ī)	Panaetios (185-110 v. Chr); griech. Philosoph (Stoa); Mitglied des Scipionenkreises (→SR); seine Pflichtenlehre war Ciceros Vorbild für *De officiis*
Paulus	Lucius Aemilius Paulus; Vater von Scipio dem Jüngeren; Sieger über König Perseus von Makedonien 168 v. Chr.
Phalaris (idis)	grausamer Tyrann von Agrigent auf Sizilien (um 560 v. Chr.); berüchtigt für seinen ehernen Stier, in dem er seine Gegner „röstete"
Philus (ī)	Lucius Furius Philus, Konsul 136 v. Chr.; Mitglied des Scipionenkreises (→ SR)
Pericles (ī)	Perikles (um 490-429 v. Chr.); athenischer Politiker und Feldherr; er war maßgeblich am Aufbau der attischen Demokratie beteiligt
Pīsistratus (ī)	Peisistratos; Tyrann von Athen 560-527 v. Chr.
Platō (ōnis)	Platon (427-347 v. Chr.); bedeutendster Schüler des Sokrates; Gründer der Akademie; an seinen Werken *Politeia* und *Nomoi* orientierte sich Cicero bei der Abfassung von *De re publica* bzw. *De legibus*
Polybius (ī)	Polybios (ca. 200-120 v. Chr.), griech. Historiker; kam 166 v. Chr. als Kriegsgefangener nach Rom, wo er Mitglied des Scipionenkreises (→ SR) wurde
Pompeius (ī)	Gnaeus Pompejus Magnus (106-48 v. Chr.); röm. Politiker; zunächst Partner, dann Widersacher Cäsars im Kampf um die Vorherrschaft in Rom
Sallustius (ī)	Gajus Sallustius Crispus (86-34 v. Chr.); röm. Geschichtsschreiber; Verfasser der Monographien *Catilina* und *Bellum Iugurthinum*
Scīpiō (ōnis)	(1) Publius Cornelius Scipio Africanus = Scipio der Ältere (um 200 v. Chr.); Sieger über Hannibal 201 v. Chr. bei Zama; Großvater von Scipio dem Jüngeren (2) Publius Cornelius Scipio Aemilianus Africanus (2. Jh. v. Chr.) = Scipio der Jüngere; röm. Politiker und Feldherr; Eroberer Karthagos 146 v. Chr.; bester Freund des Laelius und Mittelpunkt des nach ihm benannten Scipionenkreises (→ SR)
Solō (ōnis)	um 640-560 v. Chr.; schuf die Verfassung Athens aus Volksgericht (Areopag) und Volksversammlung
Tacitus (ī)	Publius Cornelius Tacitus (ca. 54-117 n. Chr.); röm. Geschichtsschreiber, der in seinen *Annales* die Kaiserzeit von Augustus bis Nero behandelt
Tarquinius (ī)	(1) Lucius Tarquinius; fünfter römischer König; er ließ den Jupitertempel auf dem Kapitol und den Circus Maximus planen und erbauen (2) Tarquinius Superbus; siebter und letzter König Roms; von Lucius Brutus ca. 500 v. Chr. aus Rom vetrieben
Tītānī (ōrum)	die Titanen; in der griech. Mythologie die Söhne des Uranos (Himmel) und der Gaja (Erde); von Zeus besiegt und in den Tartaros geworfen
Tūberō (ōnis)	Quintus Aelius Tubero, Neffe Scipios d. J., Mitglied des Scipionenkreises (→ SR)

Tusculānī (ōrum)	die Einwohner von Tusculum, einer Kleinstadt in der Nähe Roms, wo Cicero ein Landgut besaß
Vergilius (ī)	Publius Vergilius Maro (70–19 v. Chr.); römischer Dichter; Verfasser der Äneis, die die *Annales* des Ennius als römisches Nationalgedicht ablöste
Volscī (ōrum)	die Volsker; ital. Volksstamm in Latium; 329 v. Chr. von den Römern unterworfen

Mittelalter / Neuzeit

Benedikt XVI.	Papst; vormals Kardinal Joseph Ratzinger (geb. 1927)
Chagall, Marc	russisch-französischer Maler (1887–1985)
Erasmus	Erasmus von Rotterdam (1466–1536); bedeutender Humanist
Harris, Robert	engl. Schriftsteller (geb. 1957)
Hobbes, Thomas	engl. Philosoph und Staatstheoretiker (1588–1679)
Kennedy, John F.	amerik. Politiker (1917–1963); 35. Präsident der USA; 1963 ermordet
King, Martin Luther	amerik. Bürgerrechtler (1929–1968); 1968 ermordet
Lorenzetti, Ambrogio	ital. Maler (ca. 1290–1348)
Mai, Angelo	ital. Kardinal und Philologe (1782–1854)
Obama, Barack	amerik. Politiker (geb. 1961), 44. Präsident der USA; Friedensnobelpreises 2009
Wickert, Ulrich	dt. Journalist (geb. 1942)

Sachregister (SR)

Areopag	Hügel westlich der Akropolis in Athen; nach ihm wurde der Rats- und Gerichtshof Athens benannt
Aristokratie	Herrschaft der Besten (griech.: *aristoi*), d.h. einer Gruppe von Adeligen im Interesse des Gemeinwohls; wird dieses vernachlässigt, entartet sie in die Oligarchie
boni	die rechtschaffenen Leute; nach Cicero alle, die sich im Interesse des Gemeinwohls am Staat beteiligen, nicht nur die aus dem Senatoren- oder Ritterstand Stammenden
Demokratie	die Herrschaft des Volkes (griech.: *demos*); zum Volk gehören aber in der Antike nur die männlichen freien Bürger eines Staates
Dialog	literarische Gattung, in der der Leser durch die Lektüre eines kurzweiligen Wechselgespräches (sokratischer bzw. platonischer Dialog) oder in von kurzen Zwischenfragen unterbrochenen längeren Lehrvorträgen (aristotelischer Dialog) zur Erkenntnis geführt wird
Diktator	Notstandsamt der römischen Republik; er wurde in Notzeiten (z.B. beim Tod bei der Konsuln im Krieg) für sechs Monate vom Senat ernannt und hatte unumschränkte Macht
Latinerfest	Fest der Gemeinden Latiums zu Anfang des Jahres; bei dem Fest, bei dem alle hohen Beamten Roms anwesend sein mussten, wurde Jupiter von den Konsuln ein weißer Stier geopfert
Monarchie	Königsherrschaft; ihre Entartung ist die Tyrannis
Plutokratie	Herrschaft der Reichen (griech.: *plutos*), bei der das Interesse am Besitz ausschlaggebend ist; sie stellt eine Entartung der Aristokratie dar
Ochlokratie	Herrschaft der Masse (griech.: *ochlos*); sie ist eine Entartung der echten Volksherrschaft (Demokratie)
Oligarchie	Herrschaft von Wenigen (griech.: *oligoi*), bei der das Interesse einer Gruppe ausschlaggebend ist; sie stellt eine Entartung der Aristokratie dar
Optimaten	die Gruppierung der Senatoren, die ihre Ziele mit Hilfe des Senats durchsetzen wollte
Popularen	die Gruppierung der Senatoren, die ihre Ziele mit Hilfe der Volksversammlung durchsetzen wollte
principes	die führenden Männer des Staates
Prinzipat	die von Augustus eingeführte Staatsform, in der die Republik formal weiter besteht, aber faktisch von einer Alleinherrschaft (Kaisertum) abgelöst wird
Proskriptionen	staatliche Verfolgung von Privatpersonen; jeder, dessen Name auf der Proskriptionsliste steht, darf straffrei getötet werden; seine Güter werden vom Staat beschlagnahmt
Scipionenkreis	Gruppe römischer Adliger um den jüngeren Scipio, die sich unter Einfluss des Stoikers Panaitios der griech. Philosophie öffnet
Senat	maßgebliches politisches Gremium in der röm. Republik; bestehend aus allen amtierenden und ehemaligen Beamten; hatte formal nur beratende Funktion, aber seine „Ratschläge" / Beschlüsse (*consulta*) waren für die Beamten (Prätoren, Konsuln...) praktisch bindend; im Prinzipat verlor der Senat an Bedeutung. Unter Julius Cäsar umfasste er bis zu 900 Mitglieder, bevor ihn Augustus wieder auf 600 Mitglieder verringerte

Ständekämpfe	als Ständekämpfe bezeichnet man die Auseinandersetzungen zwischen Plebejern und Patriziern von ca. 470–287 v. Chr., in deren Verlauf sich die Plebejer allmählich die vollständige politische Gleichberechtigung mit den Patriziern erkämpften; im Verlauf dieser Kämpfe entstanden unter anderem das Amt des Volkstribunen und das Zwölftafelgesetz
Triumph	höchste militärische Ehre, die einem Feldherrn zuteil werden konnte; der Triumphator zieht im Schmuck Jupiters in einem Triumphzug zum Kapitol, wo er Jupiter ein Opfer darbringt; hinter ihm steht ein Sklave, der ihn ermahnt, nicht zu vergessen, dass er nur ein Mensch sei
Triumvir	Angehöriger eines Dreimännerkollegiums; das erste Triumvirat bildeten 60 v. Chr. Pompejus, Crassus und Cäsar; das zweite Triumvirat bildeten 43 v. Chr. Marcus Antonius, Octavian und Lepidus
Verfassungskreislauf	nach Polybios der nahezu gesetzmäßig ablaufende Wechsel der Verfassungen von der Monarchie zur Tyrannis zur Aristokratie zur Oligarchie zur Demokratie zur Ochlokratie und wieder zurück zur Monarchie
Volkstribun	das Amt entstand infolge der Ständekämpfe; Volkstribunen waren Vertreter des Volkes und waren als solche unantastbar (*sakrosankt*); zudem hatten sie ein Vetorecht gegen Senatsbeschlüsse, was gegen Ende der Republik zu einer Blockadepolitik missbraucht wurde; sie beriefen die Versammlungen der *plebs* ein und leiteten sie
Volksversammlung	es gab verschiedene Arten von Volksversammlungen; in der wichtigsten, der *comitia centuriata*, waren alle männlichen röm. Bürger wie im Heer nach Vermögensklassen eingeteilt; die Versammlung wählte die Beamten (Konsuln, Prätoren usw.) und stimmte über vom Senat vorgelegte Gesetzesvorschläge bzw. Krieg und Frieden ab; außerdem diente sie als Berufungsinstanz bei Strafurteilen gegen römische Bürger; die Abstimmungen begannen bei den Zenturien der Reichen und endeten, sobald eine Mehrheit erreicht war; eine weitere wichtige Volksversammlung war das *concilium plebis*; zu ihr waren nur männliche röm. Bürger plebejischer Abstammung zugelassen; sie wurde von einem Volkstribunen einberufen und geleitet; ihre Beschlüsse (Plebiszite) hatten Gesetzeskraft
Zensor	das vornehmste Amt in Rom; er überwachte das politische Geschehen und war u.a. zuständig für die Vermögensschätzung der Bevölkerung, für die Ausstoßung unwürdiger Senatoren und Ritter aus Senat bzw. Ritterstand und für die Überwachung der Vergabe öffentlicher Bauaufträge
Zwölftafelgesetz	es entstand im Lauf der Ständekämpfe ca. 450 v. Chr.; es enthielt in schriftlicher Fassung auf Bronzetafeln die geltenden Gesetze und wurde auf dem Forum aufgestellt; somit war das Recht, das zuvor nur in Sprüchen und Formeln existiert hatte, die von Priestern unter Verschluss gehalten wurden, der Willkür der Priester entzogen, da es für jedermann einzusehen und nachlesbar war

Literaturverzeichnis

1. Textausgaben und Übersetzungen

Augustus. Meine Taten - Res gestae Divi Augusti. Lat.-griech.-dt. hg. von E. Weber. München-Zürich [5]1989

Cicero. Atticus-Briefe - Epistulae ad Atticum. Lat-dt. hg. und übers. von H. Kasten. München-Zürich [4]1990

Cicero. Der Staat - De re publica. Lat.-dt. hg. und übers. von K. Büchner. München-Zürich [5]1993

Cicero. Die politischen Reden. Band II. Lat.-dt. hg., übers. u. erläut. v. M. Fuhrmann. München 1993

Cicero. Vom rechten Handeln - De officiis. Lat.-dt. hg. von K. Büchner. München-Zürich [3]1987

M. Tulli Ciceronis De re publica, de legibus, Cato maior de senectute, Laelius de amicitia recognovit brevique adnotatione critica instruxit J. G. F. Powell. Oxford 2006

Sallust. Werke. Lat.-dt. von W. Eisenhut und J. Lindauer. München-Zürich [2]1994

2. Allgemeine Literatur

zu Cicero:

Fuhrmann, M.: Cicero und die römische Republik. Düsseldorf-Zürich [4]1997

Giebel, M.: Cicero. Hamburg [9]1993

Pöschl, V.: Römischer Staat und griechisches Staatsdenken bei Cicero. Untersuchungen zu Ciceros Schrift De re publica. Darmstadt 1990

Stroh, W.: Cicero. Redner, Staatsmann, Philosoph. München 2008

zu antiker Staatslehre:

Bleicken, J.: Die Verfassung der Römischen Republik. Paderborn-München-Wien-Zürich [6]1993

Blum, W, Rupp, M.: Politische Philosophen. München 1992

Demandt, A.: Antike Staatsformen. Eine vergleichende Verfassungsgeschichte der Alten Welt. Berlin 1995

Demandt, A.: Der Idealstaat. Die politischen Theorien der Antike. Köln 1993

3. Romane

Harris, R. : Imperium. München 2006

Harris, R.: Titan. München 2009

Abbildungsverzeichnis

Archiv für Kunst und Geschichte: British Library, Berlin: 13; Bruno Pérousse, Berlin: 37; Electa, Berlin: 17; Electa, Berlin: 19; Erich Lessing, Berlin: 41

Archiv i.motion, Bamberg: 21

Baaske Cartoons / Mester, Müllheim: 31; 33

dpa Picture Alliance: akg-images, Berlin: 7; Rpe-Albert Nieboer, Frankfurt: 27; akg-images, Frankfurt: 43

germanposters.de, Berlin: p25

Hoffmann und Campe-Verlag, Hamburg: 23

iStockphoto / ssuni: Umschlag

Scala Group, Florenz: 35

Verlagsgruppe Random House, München: 15

Verlagsarchiv